# Kleingewächshaus und Frühbeet

## Klug planen – richtig nutzen

Garten ZEIT

av BUCH

Jörn Pinske

# Kleingewächshaus und Frühbeet

## Klug planen – richtig nutzen

av BUCH

## Impressum

avBUCH im Cadmos Verlag

2. Auflage 2015
Gestaltung: Ravenstein und Partner, Verden
Satz: Anja Lorenzato, Das Agenturhaus, München
Bildreproduktion: Hantsch und Jesch OeG, Wien
Lektorat: Redaktionsbüro Wolfgang Funke, Augsburg
Druck: Werbedruck GmbH Horst Schreckhase, Spangenberg

Bildquellen:
Coverfoto: Jörn Pinske
Fotos im Innenteil: Alle Abbildungen stammen vom Autor, außer
Fotolia: Seite 18 (IgeHat), 36 (OmegaTransfer)
Bildagentur Waldhäusl: Seite 28, 42, 56.

Die Deutsche Nationalbibliothek - CIP-Einheitsaufnahme
Die Deutsche Nationalbibliothek verzeichnet diese Publikation in der Deutschen Nationalbibliografie; detaillierte bibliografische Daten sind im Internet über http://dnb.ddb.de abrufbar.



Printed in Germany

ISBN: 978-3-8404-7906-9

# Inhalt

Garten ZEIT

av BUCH

# Vorwort

Für alle mit einem „grünen Hobby“ ist das „Gärtnern unter Glas“ sicher der Höhepunkt der Gartenarbeit. Ob Orchideen, Stauden, Kakteen oder die Kultur von Gemüse, für die gesunde Ernährung, ist das eigene Gewächshaus meist das Ziel. Entsprechend gibt es eine Vielzahl von Gewächshaustypen, eigentlich für jede Pflanzengruppe ein eigenes. Dabei reicht das Spektrum vom preiswerten „Baumarkthaus“ für € 300,- (es geht noch preiswerter mit einem Folienhaus!) bis zum edlen Produkt als Nachbau eines Treibhauses im viktorianischen Stil für über € 10 000,- alles ist möglich. Warum aber diese Vielfalt? Weil es auch unterschiedlichste Kulturen gibt und weil ein funktionales Haus nicht unbedingt schön aussehen muss. Und, weil auch die konstruktiven Elemente verschieden ausfallen. Einen offiziellen Testbericht über Gewächshäuser gibt es leider bisher nicht. Man muss die Auswahl noch selbst treffen. Und das ist bei dem großen Angebot, den unterschiedlichen Typen, Bedachungen und Materialien nicht immer einfach.
Ein Gewächshaus bietet mehr Möglichkeiten als der Freilandanbau, da es unabhängig vom Wetter (Ausnahme Licht!) betrieben werden kann – sogar ganzjährig. Der Gewächshausgärtner bestimmt wann und wie viel es regnet und er schafft die richtige Bodenqualität und den optimalen Standort.
Um Fehler bei der Anschaffung zu vermeiden und um den zur Verfügung stehenden Betrag für die Anschaffung optimal einzusetzen, ist Hilfe gefragt. Worauf muss man achten, was ist unnötig? Wo kann man Hilfe finden, was kann man bei der Auswahl vergleichen? Wo kann man überhaupt ein Gewächshaus kaufen? Welche Kulturen sind sinnvoll und welche Voraussetzungen sind nötig? Dabei soll dieses Buch helfen.

# Überlegungen vorab und Gewächs-haustypen

## Wer braucht ein Gewächshaus?

Ein Gewächshaus muss belüftet, bewässert und vielleicht schattiert werden. Ungeziefer und Pilzerkrankungen schaffen Probleme. Lohnt sich dieser Aufwand ernsthaft? Kommen zusätzliche Kosten auf mich zu? Wachsen Tomaten und Gurken im Gewächshaus besser? Kann man überhaupt noch in Urlaub fahren? Erntet man vielleicht sogar zu viel und weiß dann nicht wohin damit?

Um es klar zu sagen: Eigentlich braucht man kein Gewächshaus, doch wer das „Gärtnern unter Glas" erst einmal richtig kennengelernt hat, wird sicher nie mehr darauf verzichten wollen. Dabei geht es nicht nur um höhere Erträge, sondern auch um Qualität, um Sortenvielfalt und vor allem darum, das Gartenjahr zu verlängern – wenn man will auf zwölf Monate!

## Die richtigen Voraussetzungen

Das „Gewächshausgärtnern“ bringt Spaß, wenn gewisse Bedingungen erfüllt werden. Dazu gehören einmal eine Mindestgröße, die Qualität des Gewächshauses samt Ausstattung und vor allem gärtnerisches Know-how. Hierbei soll dieses Buch Ihnen helfen. Hat man nämlich erst einmal schlechte Erfahrungen gemacht, wird einem der Spaß am Gärtnern unter Glas vergehen. So können zu hohe Temperaturen in einem zu kleinen Haus, ein preiswertes Leichtbauhaus, bei dem die Bedachung wegfliegt, oder Schädlinge schnell zum Albtraum werden und alles zunichte machen.

### Übung macht den Meister

Das erste Haus muss gar nicht teuer sein, ein Folienhaus zur Übung tut es auch. Sogar ein Gewächshaus aus Folie im Eigenbau ist einem mäßig geschickten Heimwerker zuzutrauen und reicht zum ersten Sammeln von Erfahrung. Ganz zu schweigen vom Frühbeet, übrigens unverzichtbar für jeden Hobbygärtner und ideal zur Ergänzung.

Gewächshäuser wollen sorgfältig geplant sein.

Zwei kleine Gewächshäuser sind besser als keins, besser zu bewirtschaften ist aber ein größeres!

Zu kleine Profile halten einem kräftigen Sturm nicht stand, beim Kauf auf die Stärke achten.

# Was ist ein Gewächshaus?

Gewächshaus ist ein Sammelbegriff für verglaste Häuser, in denen (überwiegend) Pflanzen kultiviert werden. Ein Wintergarten kann ebenfalls ein Gewächshaus sein, dient aber eher dem Menschen zum Aufenthalt. Früher war auch der Begriff Treibhaus gebräuchlich, wurden die ersten Häuser doch lediglich zum „Treiben" von beispielsweise Wein, Kirschen, Feigen oder Zitrus verwendet.

Eigentlich ist auch das Frühbeet ein „niedriges" Gewächshaus. Es wurde (wird) ebenfalls zum Verfrühen, also „Treiben" genutzt. Am Anfang stand das begehbare Frühbeet, daraus entstand das Erdgewächshaus. Mit der Notwendigkeit, größere Pflanzen unterzubringen, entstanden auch erste Anlehngewächshäuser, erst später entwickelte sich das frei stehende Satteldachhaus.

Anlehnhaus aus dem Jahr 1850 zur Treiberei von Tafelwein.

Folienhäuser als sogenannte Tomatenzelte.

## Kurze Geschichte des Gewächshauses

Die Abdeckung, traditionell mit Glas, heute eher mit Kunststoff, ermöglicht den sogenannten Glashauseffekt. Zusätzlich bietet sie Schutz vor Wind und Niederschlag und ermöglicht die Lenkung der Temperatur. Das alles hat man schon früh gewusst, bereits im Römischen Reich sind schon für das 1. Jahrhundert Fensterverglasungen nachgewiesen. Reiche Römer haben diese Gläser wohl schon zur Trauben- und Gurkenanzucht genutzt. Im 16. Jahrhundert begannen Gärtner in Europa Pflanzen in Schutzbauten aus Brettern zu überwintern. Als Heizung dienten Holzkohlefeuer.

## Orangerien und Palmenhäuser

Der Hauptgrund für diesen Aufwand war die Kultur von Orangen. Glas war zu dieser Zeit noch sehr teuer, erst mit sinkenden Preisen entstanden verglaste Überwinterungshäuser. Sie erhielten die Bezeichnung

Orangerie. Schließlich wurden sie immer größer, denn nun kamen exotische Palmen dazu. 1859 entstand das Palmenhaus im Schloss Pillnitz/Dresden. Es galt als das größte, ganz aus Gusseisen bestehende Gewächshaus Deutschlands, eine vorgefertigte Stahlgusskonstruktion, die damals als sehr moderne und fortschrittliche Bauweise galt. Orangerien und Palmenhäuser waren jetzt für Pflanze und Mensch gleichermaßen gedacht, man flanierte unter Palmen und hat den Duft der Orangenblüten genossen.
Erst mit der zunehmenden Einfuhr exotischer Pflanzen, darunter Orchideen, die ab 1800 verstärkt nach Europa kamen, und der Notwendigkeit, diese zu pflegen und am Leben zu erhalten, wurden spezielle Häuser nur für Pflanzen errichtet. Aber auch der Anbau exotischer Früchte, vor allem jener von Ananas in England, war im 18. und 19. Jahrhundert verbreitet. Ananasfrüchte wurden zum Statussymbol.

Gusseisen-Palmenhaus in Dresden/Pillnitz, erbaut 1859.

## Der Glashauseffekt

Das Prinzip des Glashauses soll hier nur kurz beschrieben werden. Die Energie erhält das Gewächshaus durch die Sonne. Sie „strahlt" durch die Bedachung, wobei unterschiedliche Materialien wie Glas, Folie oder andere Kunststoffe unterschiedliche Durchgangswerte haben. Durch diese Strahlung kommt es zu einer Erwärmung im Gewächshaus. Kurzwellige Sonnenstrahlen (UV-Strahlen) gelangen in das Gewächshaus. Die Sonnenenergie erwärmt zuerst den Boden, dann die Pflanzen und Gegenstände im Gewächshaus. Die von diesen wieder abgegebene Wärmestrahlung ist jetzt langwelliger und liegt im Infrarot-Bereich. Aufgrund der größeren Wellenlänge kann die Wärmestrahlung nicht mehr durch die Bedachung entweichen und wird wieder zurück auf den Boden und die Pflanzen reflektiert, sodass diese sich weiter erwärmen. Aus diesem Grund herrscht im Gewächshaus eine höhere Temperatur als außerhalb, aber leider nur, solange die Sonne scheint.

## Die Voraussetzungen

Der Erfolg ist maßgeblich abhängig von der Energiedurchlässigkeit der Gewächshaushülle, dem Verhältnis von Ober- zur Grundfläche, dem der Innen- zur Außentemperatur sowie dem Wind. Boden und Pflanzen sind dabei Wärmespeicher. Dabei spielt der Einfallswinkel des Lichtes auf die Gewächshaushülle eine große Rolle. Je weniger Licht reflektiert wird, desto mehr Licht wird im Gewächshaus in Wärme umgewandelt. Bei Einfallswinkeln über 50 Grad wird ein zunehmender Anteil der Einstrahlung reflektiert und damit nicht genutzt. Üblich sind für Gewächshäuser darum Winkel bis höchstens 45 Grad, meist jedoch geringer. Wichtig ist auch das Oberflächen-/Grundflächenverhältnis. Die Strahlung aufnehmende und damit Wärme abgebende Oberfläche sollte möglichst groß sein.

Der Gewächshauseffekt, hier positiv genutzt.

### HÄUFIGE FEHLER

Zu kleine Gewächshäuser lassen sich schlecht nutzen, sie erhitzen sich zu schnell und können Wärme nicht speichern. Solche Temperaturschwankungen bedeuten für Pflanzen Stress! Die Nutzfläche sollte daher mindestens 12 m² betragen, die Mindestfirsthöhe über 2,30 m liegen.

## Welcher Gewächshaustyp ist der richtige?

Hiermit ist weniger der „Typ“ des Gärtners gemeint als vielmehr der Typ des Gewächshauses. Ausschlaggebend sind die Gegebenheiten am Standort und die finanziellen Möglichkeiten. Nicht zuletzt soll sich ein Gewächshaus aber harmonisch in den Garten einpassen, wobei auch die Farbe eine Rolle spielt. Nicht wenige Hersteller bieten günstig eloxierte oder pulverbeschichtete Häuser an. Neben Weiß und Braun sind vor allem Grün, Blau und Rot gefragt.

## Satteldach, der vielseitige Typ

Die wohl häufigste Bauform ist das Satteldach mit senkrechten Stehwänden. Dieser Typ eignet sich besonders für Kulturen auf Stellagen und Tischen für die Anzucht von Pflanzen. Bei einem Satteldachhaus mit schrägen Seitenwänden wird das Erd- oder Bankbeet besser belichtet, was vorteilhaft für die Kultur von Gemüse, Tomaten und Gurken ist. Entstanden ist dieser Typ zuerst aus der Verwendung von gerahmten Frühbeetfenstern, die aufgestellt wurden.

Für das Dach wird eine Neigung von 24–26,5 Grad empfohlen – damit ist das Optimum beim Lichteinfall, bezogen auf den Sommerstand der Sonne, bei der Regendichtigkeit, der Kondenswasserabführung und nicht zuletzt beim Abrutschen des Schnees erreicht. Gerechnet werden in der Konstruktion 25 kg Schneelast/m², was aber eigentlich viel zu wenig ist, weil flachere Dächer im Winter – vor allem ohne Heizung – sehr stark belastet werden. Außerdem würde im Winter bei flachen Dächern und tiefem Sonnenstand das Sonnenlicht zu stark reflektiert und bliebe damit weitgehend ungenutzt.

**Satteldachgewächshäuser gibt es in vielen Ausführungen und Größen.**

Satteldachhaus, Stahl mit schrägen Seitenwänden.

## Doppelhäuser

Bei größeren Häusern ab 6 m Breite kann es sinnvoll sein, Doppelhäuser (Blockbauten) mit oder ohne Trennwände oder gleich zwei Häuser einzusetzen. Wichtig ist lediglich die Stehwandhöhe, sie sollte mindestens 1,50 m betragen, besser aber 2,00 m. Die Firsthöhe soll nicht unter 2,50 m liegen. Dach- und Stehwandneigung bestimmen die Nutzung. Nicht nur das aufrechte Stehen im Haus, auch die Ansprüche der Hauptkulturpflanzen wie Gurken und Tomaten sollten dabei berücksichtigt werden. Diesen Typ gibt es auch als Erdhaus, das spart Energie beim Heizen, doch das Licht reicht hier nicht für eine Gemüsekultur, sondern ist eher geeignet für Zierpflanzen und auch Orchideen!

### WICHTIG ZU WISSEN

Es lässt sich nicht vermeiden im Gewächshaus zu arbeiten, z. B. umzugraben oder zu gießen. Solche Tätigkeiten nur in gebückter Haltung ausführen zu können ist nicht sinnvoll, daher beim Kauf auf die Firsthöhe achten! Außerdem wichtig für alle Haustypen: die Tür sollte breit genug sein, damit man bequem mit einem Schubkarren durchfahren kann.

## Runddach- oder Tunnelgewächshaus?

Alles oben Gesagte bezieht sich auch auf diesen Gewächshaustyp. Einziger Unterschied: Das Dach ist eben rund! Früher für Folien üblich, wird es heute auch mit Doppelstegplatten angeboten. Vorteil: Es gibt keine störenden Konstruktionsteile wie Sprossen und es ist meist preiswerter. Ein Nachteil ist, dass Lüftungselemente häufig nur in senkrechte Wände einzubauen sind, die Dachrundung beginnt dagegen bereits am Boden. Bei der Platte unbedingt auf „No drop“ achten (siehe weiter unten: Eigenschaften von Kunststoff).

Runddachhaus mit Stegdoppelplatten.

Zwei Stahlhäuser mit Glasbedachung, Typ Plauen, früher üblich in der DDR.

Das Anlehngewächshaus ist kein Wintergarten.

## Anlehngewächshaus

Wenn sich die Möglichkeit bietet, das Gewächshaus an eine Wand anzulehnen, hat das Vor- und Nachteile. Die Häuser erhalten weniger Licht, dafür speichern sie die Wärme besser und lassen sich also kostengünstig beheizen. In Südlage heizen sie sich im Sommer allerdings sehr schnell auf. Besondere Schwierigkeiten kann es dann bei der Lüftung geben, es kommt zu geringerem Luftaustausch, was einen Hitzestau nach sich ziehen kann. Anlehnhäuser sollten trotzdem nur an die Südwand angebaut und Schatten von Bäumen und Sträuchern weitgehend ausgeschlossen werden.

### Versicherung

Manchmal lassen sich Gewächshäuser mit in die Hausrat- oder Gebäudeversicherung einbeziehen. Sonst gibt es spezielle Versicherer. Automatisch ist das Haus nicht mitversichert! Man sollte sich auf jeden Fall bei der Versicherungsgesellschaft erkundigen.

## Rundgewächshaus

Ein Gewächshaus mit einem sechs- oder mehreckigen Grundriss und einem Kuppeldach ist optisch sehr schön anzuschauen, wird aber eher als verglaster Gartenpavillon genutzt. Bei vorhandener Lüftung ist es natürlich auch als Gewächshaus nutzbar.

Ein ungewöhnliches Rundgewächshaus, gebaut auf einer Stahlstütze als Pavillon.

Achten Sie darauf, dass Ihr Gewächshaus nicht nur schön, sondern auch praktisch ist.

Beim Pyramidengewächshaus ist die Lichteinstrahlung gleichmäßig.

## Das „Nur-Dach"-Haus

Manchmal ist weniger mehr. Dieser Gewächshaustyp ist meist bei Eigenkonstruktionen üblich. Die Dachneigung kann die Reflexion begünstigen und damit die sinnvolle Nutzung erschweren, aber auch individuell an geografische Gegebenheiten angepasst sein. Bei vier Dächern entsteht ein Pyramiden-Gewächshaus mit meist quadratischer Grundfläche. Wichtig dabei ist die Lüftung an der Spitze.

## Solarhaus, Haus der Zukunft

Theoretisch lässt sich ein Solargewächshaus weitgehend ohne Öl- oder Gasheizung frostfrei halten. Ein Wärmespeichersystem, bestehend aus einem Solarmodul, Warmwasserspeicher und einer Pumpe, sorgt für die Wärme. Noch ist dieser Typ aber eher für „Tüftler" geeignet. Eigentlich ist jedes Gewächshaus ein Solarhaus in sich, sodass die Bezeichnung Solarhaus auch irreführend verwendet wird, wenn der Dachwinkel optimal an den Sommerstand der Sonne in unseren Breiten angepasst wurde.

### WICHTIG ZU WISSEN

Jedes Gewächshaus ist eigentlich ein Solarhaus, jedoch sollte man diesbezügliche Angebote hinterfragen. Was ist damit gemeint? Echte Solarhäuser sind aufwendige Bauten und noch nicht von der Stange zu bekommen! In den Instituten der Gartenbauprofis kann man erste Versuche besichtigen.

## Folienhaus – für den Anfang reichts

Die oben genannten Haustypen sind mit Ausnahmen alle auch mit Folienbedachung zu bekommen. Mit „Folienhaus" ist hier eine leichte Konstruktion mit überschaubarer Haltbarkeit, einem eher günstigen Anschaffungspreis und schnellem Aufbau gemeint, sicher war für viele das selbst gebaute Tomatenfolienhaus-Zelt der Beginn der Gewächshausgärtnerei. Dem folgte ein Folienhaus, das vielleicht noch nicht den gewünschten Erfolg gebracht hat, aber zumindest nicht so teuer war! Doch kann man ein Folienhaus mit den anderen Typen einfach vergleichen? Man kann, wenn man auch bei der Auswahl des Folienhauses aufpasst. Der wichtigste Punkt: Das Haus muss über ausreichende Belüftung im Dach verfügen, da eine Querlüftung über Rückwand und Tür gefährlich ist. Zugluft ist keine Lüftung, was auch für andere Runddachhäuser zutrifft. Folienhäuser ohne „No drop"-Beschichtung der Folie fördern den Pilzbefall in den Kulturen durch Tropfenfall. Einige Folien neigen außen und auch innen zur Verschmutzung, dabei kann es zu einem Lichtmangel kommen. Als Folien sind natürlich nur UV-stabilisierte Spezial-Gartenbaufolien in Betracht zu ziehen, die deutlich länger haltbar sind.

Folienhaus in Eigenkonstruktion mit UV-stabiler Spezialgewächshausgitterfolie

# Planen und bauen

## Damit geht es endlich los!

Qualität hat seinen Preis, das trifft natürlich auch für Gewächshäuser zu. Doch Mindestanforderung und Luxusausstattung muss man unterscheiden. Der Erfolg in der Kultur ist nicht vom Preis abhängig.

Bausätze für Gewächshäuser sind problemlos zu montieren.

## Kaufen oder selbst bauen?

Zunächst stellt sich die Frage, ob man sich ein Gewächshaus kaufen oder doch lieber selbst bauen soll. Gewächshäuser werden in unzähligen Variationen angeboten, von der einfachen Konstruktion im Baumarkt bis zu solchen im viktorianischen Stil. Aber: Welchen Zweck soll es erfüllen? Was soll in ihm kultiviert werden, Zierpflanzen oder Nutzpflanzen? Ist eine Heizung notwendig? Welche Nutzfläche ist nötig? Darf ich überhaupt ein Gewächshaus aufstellen? Was soll man beachten?

Am besten bringt man solche Überlegungen zu Papier, schläft einige Nächte darüber und ... schon kann es losgehen.

### Checkliste für die Anschaffung eines Gewächshauses

- Was will ich anbauen?
- Nutzung ganzjährig oder saisonal?
- Hausgröße, First- und Stehwandhöhe?
- Selbstbau vs. Kauf, Fachmarkt vs. Internet vs. Baumarkt?
- Haustyp: frei stehend, Satteldach, Anlehn- oder Rundhaus?
- Was darf das Haus kosten, Finanzierung, Kosten durch Aufbau?
- Material: Aluminium, Stahl, Holz oder Kunststoff, entspricht die Qualität DIN-Normen, Vergleich des Gewichts und damit der Stabilität der angebotenen Konstruktionen?
- Bedachung: Glas, Kunststoff, Folie (Qualität, DIN)?
- Zubehör: Lüftung, Heizung, Tür, Tür- und Fensterdichtungen, Fundament, Befestigungsmaterial, Schrauben und Verbinder, Dachrinne, Kältebrücken?
- Kauf: Konditionen, Gewährleistung, Baugenehmigung, Montageplan?
- Internetrecherche, Kaufberatung, Musterhaus?
- Baugenehmigung, Nachbarschafts-Mietrecht, Kleingarten-Pachtrecht?
- Standort, ausreichend Licht?

## Vorschriften beachten

Als Erstes sollte man die Baugenehmigungsauflagen in Erfahrung bringen. Ein normales Gewächshaus ist in aller Regel genehmigungsfrei, in Berlin sogar bis zu einer Fläche von 100 $m^2$. In Österreich sind alle Gewächshäuser bis zu einer Größe von ca. 30 $m^3$ umbautem Raum frei. Örtliche Vorschriften bestimmen Ausnahmen.

Bei Anlehnhäusern ist besondere Vorsicht geboten. Eine Verbindung zum Wohnhaus ist nämlich schnell ein Wintergarten und unterliegt damit ganz anderen Bestimmungen. Ein Wintergarten, auch wenn er nur gelegentlich von Menschen bewohnt oder genutzt wird, muss nach der Wärmeschutzverordnung gebaut werden. Hier gelten daher anderen Bauvorschriften.

### Nachbarn nicht vergessen

Am einfachsten ist es, sich bei der Baubehörde vor Ort zu erkundigen. Außerdem: Vermieter müssen immer zustimmen, und auch den Nachbarn sollte man vorher fragen! Vielleicht kann man ihn für das Gärtnern unter Glas begeistern, dann darf er mal Lüften oder Gießen, wenn man selbst keine Zeit hat.

# Materialien

Leicht, stabil, gut zu verarbeiten, haltbar und preiswert – so müssen die Materialien für die Konstruktionselemente eines Gewächshauses beschaffen sein. Teile der Konstruktion dürfen keinen Schatten werfen, und das alles bei möglichst geringer Wärmeleitfähigkeit.

## Aluminium, leicht und stabil

Aluminium ist leicht formbar. Dadurch ist es relativ einfach, Profile in unterschiedlichen

Legierungen aus ihm zu pressen, die stabil, aber trotzdem leicht und korrosionsbeständig sind. Zu leicht kann auch nachteilig sein, wenn es zulasten der Stabilität geht. Das Profil kann ein einfaches T-Profil sein; kommen spezielle Schlitze zur Aufnahme von Glas- oder Stegdoppelplatten hinzu, erhöht dies automatisch die Festigkeit. Wenn das Profil eine Dreifachstegplatte aufnehmen kann, ist es automatisch stabiler als die Sprosse, die eine 3-mm-Platte halten muss. Zusätzliche Kunststoffstege im Profil verhindern Kältebrücken.

## Qualitätsunterschiede

Aber nicht nur das eigentliche Profil, auch Kanten - besser Schnittflächen - sind unterschiedlich verarbeitet. Scharfe Kanten beim Aufbau haben schon manchen Gewächshausbauer an seinem Vorhaben zweifeln lassen. Bei gleicher Größe eines Hauses also einfach das Gewicht vergleichen, und schon weiß man etwas über die Qualität. Leider hat Aluminium eine hohe Wärmeleitfähigkeit, was ohne Abdeckung ein Problem ist. Es kann aber leicht farbig pulverbeschichtet oder eloxiert werden. Bei den meisten Aluminiumprofilen kann ein entsprechender Schlitz im Profil Schrauben aufnehmen.

Schlitz mit Hammerkopfschraube, Edelstahl.

Das sind dann entweder normale Schrauben oder nachträglich sogenannte Hammerkopfschrauben, möglichst aus Edelstahl (M6 x 15). So lassen sich nicht nur technische Einrichtungen wie Heizungen oder Schalter befestigen, sondern auch Hängetische oder die Innenschattierung.

Hochwertiges Aluminium-Profil mit thermischer Trennung.

Wie so oft kommt es auf die Details der Verarbeitung an, welche die Qualität bestimmen.

### HÄUFIGE FEHLER

Der direkte Kontakt von Aluminium mit Beton, Zement usw. ist zu vermeiden, Schutzanstriche oder Bitumenpappe schützen vor „hässlichen" Flecken und der Beschädigung der Oberfläche. Schrauben für ein Gewächshaus sollten aus Edelstahl bestehen und vor Verwendung gefettet werden, im Gewächshaus sind sie bisweilen extremen Bedingungen ausgesetzt.

## Stahl – solide, aber von gestern

Stahl wird im Gewächshausbau schon lange verwendet, meist in Form einfacher T-Sprossen. Er ist ebenfalls formbar, allerdings schwerer, und nicht verzinkt nur begrenzt haltbar. Man kann auch Schutzan-

Stahlgewächshaus mit schrägen Seitenwänden, optimal für Gemüse.

striche verwenden, die aber immer wieder aufwendig erneuert werden müssen. Die Wärmeleitfähigkeit ist wie bei Aluminium ungünstig. Scheiben wurden früher in speziellen Kitt eingesetzt, heute verwendet man Gummidichtungen.

## Holz, altbewährt

Schon von Anfang an war Holz für Gewächshäuser gebräuchlich, Lärche ist besonders beliebt. Schutzanstriche mit viel Chemie verbieten sich fast von selbst; ein „Biohaus“ ist extrem pflegeaufwendig, da Leinöl und Terpentin (Verhältnis 2:8) alle zwei Jahre neu aufgetragen werden müssen. Der große Vorteil von Holz: Fast jeder halbwegs geschickte Heimwerker kommt mit dem Material zurecht. Holz hat zudem eine geringe Wärmeleitfähigkeit, was ebenfalls von Vorteil ist. Wer ein solches Gewächshaus aus Holz plant oder in Auftrag gibt, der sollte sich genau über die Konstruktionseigenheiten informiert haben. Selbst erfahrene Tischler lernen manchmal noch Neues!

## Kunststoff, der Werkstoff von morgen

Seit vielen Jahren sind Fenster aus Kunststoff auf dem Vormarsch, auch Wintergärten werden aus ihm gebaut. Kunststoff-Gewächshäuser, außer Miniausführungen, werden nur von einem einzigen israelischen Unternehmen angeboten. Es wird in einem Stecksystem zusammengesetzt, auch die Stegdoppelplatten sind in die Sprossen integriert. Sicher wird durch die besonders gute Wärmeleitfähigkeit des Kunststoffs dieser Haustyp Nachfolger finden.

Holzgewächshaus mit Aluminiumabdeckung.

## WICHTIG ZU WISSEN

Die Qualität eines Gewächshauses hängt von der Dicke der Aluprofile bzw. deren Legierung ab. Profile, die eloxiert oder pulverbeschichtet sind, dazu noch durch Kunststoffstege thermisch getrennt, um Kältebrücken zu vermeiden, sind optimal. Stahl sollte zumindest verzinkt sein.

Hochwertige Sprosse mit thermischer Trennung.

# Das Glashaus muss nicht aus Glas sein

Das Hauptkriterium für die Eindeckung eines Gewächshauses ist die Lichtdurchlässigkeit, die Voraussetzung für den Gewächshauseffekt. Die Durchlässigkeit sollte langfristig erhalten bleiben oder sich mit geringem Aufwand wiederherstellen lassen. Im Vergleich möglicher Eindeckungen dient die Licht- und Wärmedurchlässigkeit von Glas als Maßstab.

## Glas, für alle mit Durchblick

Als Maßstab dient die Einfachglas-Eindeckung, die bei 91 % Durchlässigkeit für senkrechte, fotosynthetisch wirksame Strahlung (PAR) liegt. Glas ist das traditionelle Material der Eindeckung, seine bewährten Eigenschaften sind bekannt. Für Gewächshäuser werden Blank- und Klarglas angeboten. Beim Ersten sind beide Flächen glatt, während Klarglas eine genörpelte (unten) und eine glatte Oberfläche hat. Isolierglas wird bei hochwertigen Häusern in der Regel nur für die Stehwände genutzt. Sicherheitsglas für das Dach ist ebenfalls eher selten. Spezialgläser lassen je nach Art nur geringe Mengen UV-Strahlung durch. Hier sollte man sich immer genau informieren. Glas ist zwar immer die billigste Lösung, es isoliert aber nicht so gut und ist außerdem bruchgefährdet. Mindestens 4 mm Dicke sind zu empfehlen. Für eine Befestigung mit Klammern sollte eine Kunststoffabdeckung mit Dichtung angebracht werden, auch auf der Sprosse. Schindelverglasungen mit kleinen Scheiben sind außerdem ganz schnell verschmutzt und nie dicht!

## Stegplatten

Immer häufiger werden sogenannte Stegdoppel- oder sogar Stegdreifachplatten verwendet. Sie haben eine bessere Isolierung als Glas, dazu ausreichende Lichtdurchlässigkeit und vor allem ein geringes Bruchrisiko. Die Qualitätsunterschiede der angebotenen Platten sind allerdings enorm. So

Klarglas (Nörpelglas) mit Abdeckung der T-Profile.

sollten sie mindestens 6–8 mm dick sein – für beheizte Häuser sogar mindestens 16 mm –, um die Schnee- und Windlast auszuhalten. Stärkere Platten sind noch besser! Meist bestehen sie aus Plexiglas (PMMA, Acrylglas) oder Polycarbonat (PC), glasfaserverstärktem Polyester (GUP) oder PVC (Polyvinylchlorid). Manche haben innen eine zusätzliche „No-drop"-Beschichtung, die verhindert, dass Kondenswassertropfen auf die Pflanzen gelangen. Plexiglas hat dabei eine besonders hohe Lichtdurchlässigkeit.

## Materialeigenschaften

Die Luftpolster in den Stegplatten bilden eine gute Isolationsschicht. Plexiglas Alltop® Stegdoppelplatten (16 mm) haben mit 91 % zudem für eine Doppelstegplatte eine hohe Licht- und auch UV-Durchlässigkeit. Das wird von keinem anderen Werkstoff erreicht. Die UV-Durchlässigkeit bringt bei Gemüse oder Kräutern verbesserten bzw. intensiveren Geschmack. Muss eine Platte allerdings gebogen werden, wie es bei Rund- oder Tunnelgewächshäusern erforderlich ist, oder ist Hagelbeständigkeit wichtig, dann kommt die Plexiglas Resist SDP Drop® infrage. Sie hat bei 16 mm immerhin auch noch 85 % Lichtdurchlässigkeit, ist allerdings im UV-Bereich undurchlässig, genau wie Platten aus Polycarbonat (PC), die ansonsten aber gleichwertige Eigenschaften aufweisen, allerdings bei nur zehn Jahren Garantie.

Moderne Kunststoffe garantieren leichte und gleichzeitig stabile Bauteile.

Stegdoppelplatten aus Acrylglas/ PLEXIGLAS®.

## Die richtige Stärke

Stegdoppel- oder gar Stegdreifachplatten werden häufiger als Glas eingesetzt. Sie haben neben besserer Isolierung eine gute Lichtdurchlässigkeit und ein geringes Bruchrisiko. Allerdings sollten sie nicht weniger als 6–8 mm dick sein, um z. B. die Schnee- und Windlast auszuhalten; für Frühbeete reichen 3 mm, für beheizte Häuser wählt man mindestens 16 mm Stärke. Stegdoppelplatten sollten hin und wieder gründlich mit einem milden Spülmittel abgewaschen werden. Wichtig: Nur Reinigungsmittel verwenden, die eventuell vorhandene Spezialbeschichtungen der Platten und Abdeckprofile nicht angreifen.

# Gewächshausfolien

Bei den Gewächshausfolien ist Polyethylen (PE) das am häufigsten verwendete Material. Allerdings sind dies Folien, die zusätzlich gegen UV-Strahlung geschützt sind. Dazu verwendet man eine Vielzahl von Stabilisatoren, die eine Lebensdauer von drei bis sechs Jahren garantieren, woraus dann auch die Preisunterschiede resultieren. Auch Gitterfolie aus UV-stabilisierter PE-Folie wird angeboten, ihre Haltbarkeit beträgt drei bis vier Jahre – besonders geeignet ist sie für den Selbstbau eines Hauses. PE-Folien lassen nur wenig UV-Licht durch.

## Spezialfolien

Neben diesen sind weitere, eher hochpreisige Folien verfügbar, die meist für Profigewächshäuser verwendet werden. Hier kann man mit einer Lebenserwartung von 10 bis 20 Jahren rechnen. Sie können z. B. aus PVC bestehen, teilweise auch in mehrlagiger oder beschichteter Ausführung, mit

Fertigfolienhaus mit Spezialfolie, schlecht zu lüften!

„No-drop“-Schutz gegen Tropfwasser, Algen usw. Allerdings stellen diese Folien ein Problem hinsichtlich der Entsorgung dar!
Folien werden auch als Noppen- oder Luftpolsterfolien in unterschiedlicher Stärke angeboten. Auch diese müssen natürlich UV-stabilisiert sein. Sie dienen der zusätzlichen Isolierung im Herbst, Winter oder Frühjahr für Frühbeete und Gewächshäuser.

## HÄUFIGE FEHLER

Man sollte im Garten keine „normale“ PE-Folie verwenden. Sie wird schnell durch die UV-Strahlung zerstört und bietet den Pflanzen nur kurzzeitig Schutz vor Wind und Regen.

## WICHTIG ZU WISSEN

Die Infrarotstrahlung ist eine langwellige Wärmestrahlung, die Temperaturerhöhungen unter den Abdeckungen bewirkt, besonders bei Sonnenschein und während der Mittagszeit. Wird das pflanzenverträgliche Temperaturoptimum überschritten, so sind oft in Verbindung mit Wassermangel Schäden unvermeidbar und vorprogrammiert.

## Das Fundament muss die Last tragen

Für leichtere Konstruktionen reichen Punktfundamente. Diese sollten 80 cm tief (frostfrei) in den Boden reichen und einen Durchmesser von 15–20 cm haben. Senkrecht eingegrabene und mit Beton verfüllte Kanalgrundröhren mit dem entsprechenden Durchmesser sind gut geeignet. Auch Betonsteine (Tiefbordsteine) als Unterbau können eingesetzt werden. Die Gefahr von heftigen Stürmen nimmt in Deutschland zu, schon manches Gewächshaus fand sich bei den Nachbarn wieder. Bei heftigen Bewegungen des Hauses lösen sich Scheiben oder Platten, auch das ist unangenehm. Auch Schneelast darf das Haus nicht übermäßig beeinträchtigen.

## Fertigfundamente

Viele Hersteller bieten Fertigfundamente für ihre Häuser, meist die einfachste Lösung, doch auch diese müssen sorgfältig eingebaut werden – schon leichte Verwerfungen beeinträchtigen den Aufbau. Feste Fundamente lassen sich allerdings besser

Ziegelfundament mit abgesenkter Tür, so entsteht mehr Luftraum.

Richtig stabil wird das Haus erst mit Glas/Stegdoppelplatten.

isolieren, was besonders für beheizte Häuser wichtig ist. Zum anderen schützen sie besser vor Mäusen, die frische Triebe und Samen besonders schätzen. In jedem Fall muss das Fundament ausgewinkelt und waagerecht sein. Ein minimales Gefälle für Häuser mit Dachrinne wird in der Bauanleitung ausgewiesen. Höhere Fundamente vergrößern den Luft- und Nutzraum.

## Hinweise zum Aufbau

Für alle Gewächshäuser werden Aufbauanleitungen mitgeliefert. Diese sollte man auch gut lesen! Für die Montage sind in der Regel mindestens zwei Personen erforderlich. Bevor man beginnt, unbedingt überprüfen, ob alle in der Stückliste genannten Teile auch wirklich vorhanden sind. Wichtig ist, die Teile bei der Kontrolle nicht durcheinandergeraten zu lassen. Viel Werkzeug ist in der Regel nicht erforderlich, zweckmäßig ist allerdings eine lange Wasserwaage! Beim Anfassen von Aluminiumteilen, aber auch von Glas oder Stegdoppelplatten, sollte man immer Handschuhe tragen. Scharfe Kanten können schnell zu unangenehmen Verletzungen führen, die sehr schmerzhaft sein können.

### IMMER MIT DER RUHE

Man sollte sich vor dem Kauf die Montageanleitung zeigen lassen, ist sie unverständlich, ist zu überlegen, von einem Kauf abzusehen. Scheinbar ist es einfach, ein solches Bauwerk zu errichten, jeder Hersteller hat aber Besonderheiten. Man muss sich unbedingt an die Anleitung halten, um Fehler zu vermeiden.

## Der richtige Platz

Bei der Platzwahl für das Gewächshaus gibt es objektive Kriterien, die man möglichst einhalten sollte. So muss der Standort den ganzen Tag über viel Licht erhalten, aber auch die Art der Nutzung berücksichtigen. Profigewächshäuser werden in Ost-West-Richtung aufgestellt, so kann die Sonne lange auf die Dachseiten einwirken. Bei Hobbyhäusern unterscheiden sich die Seitenlängen jedoch nicht wesentlich. Bei ausschließlicher Sommernutzung für den Anbau von Gemüse kann auch die Nord-Süd-Aufstellung nützlich sein, um die Wirkung der Mittagssonne zu verringern. In besonders windgefährdeten Gebieten sollte vor allem ein beheiztes Gewächshaus immer mit der kleinsten Fläche zur Hauptwindrichtung stehen. Ein Standort in der Nähe großer Bäume ist zu vermeiden. Nicht nur Lichtmangel wirkt sich negativ aus, auch herabfallende Äste könnten das Glas oder die Folie, aber auch Kunststoffplatten beschädigen und Wurzeln das Fundament heben. Von einer Verschmutzung durch Blätter oder Nadeln ganz zu schweigen. Hanglagen und Überschwemmungsgebiete sind auch nicht günstig. Kalte Luft bewegt sich fast so schnell wie Wasser einen Abhang hinunter.

Der Standortfrage ist besondere Sorgfalt zu widmen.

Häuser in Flussnähe sind immer gefährdet, hier kommt es auf das Fundament an.

# Ausstattung und Zubehör

## Auf das Zubehör kommt es an

Beim Autokauf macht das richtige Zubehör das Auto teuer, das ist beim Gewächshaus nicht anders. Allerdings wird beim Auto das Notwendigste, wie z. B. eine Bremse, mitgeliefert. Beim Gewächshaus ist der ebenfalls unverzichtbare automatische Fensterheber (-öffner) aber immer Zubehör. Auch die Zahl der Fenster ist in der Grundausstattung vielleicht nicht ausreichend, das sollte man prüfen.

## Ist eine Heizung nötig?

Wozu eine Heizung? Das ist doch viel zu teuer! Welcher Gewächshausverkäufer hat dies noch nicht gehört! Um den Autovergleich noch einmal zu bemühen: Die Heizung ist eigentlich der Motor. Man kann beim Auto auf ihn verzichten, z. B. wenn man bergab fährt, mehr Spaß macht es aber mit Motor! Und so ist es auch mit der Heizung, die gar nicht teuer sein muss. Nur, man sollte von Anfang an die Möglichkeit miteinbeziehen.

## Solar-Wärmespeicher

Wärme kann man auch mit Mist oder mit schwarzen Folienschläuchen erzeugen. Unter der Handelsbezeichnung Beta-Solar Wärmespeicher werden schwarze PE-Schläuche von 7 cm Durchmesser angeboten. Sie werden mit Wasser gefüllt und im Abstand von ca. 20 cm zwischen die Pflanzen oder die Saat gelegt. Auf diese Weise entsteht der preiswerteste Sonnenkollektor: Es wird möglich, auch bei spärlicher Sonneneinstrahlung im zeitigen Frühjahr beachtenswerte Wärmeenergie im Wasser der Schläuche zu speichern, selbst diffuses Licht an bewölkten Tagen heizt beachtlich auf. Beides – auch der Mist – ist aber nur bei gut isolierten Gewächshäusern wirksam.
Es geht natürlich auch mit Strom oder Gas, ja sogar mit Kohle oder Öl, die aber heute in Gewächshäusern eher selten zur Anwendung kommen. Wie auch immer: Eine Heizung verlängert das Gewächshausjahr um Wochen. Denn nur ein Früh- oder Spätfrost kann viel vernichten. Je zeitiger man aber Tomaten setzen kann, umso mehr lässt sich später ernten.

**Mit einer Heizung vervielfachen sich die Nutzungsmöglichkeiten für ein Gewächshaus.**

## Elektrische Heizungen

Üblich sind elektrische Heizungen mit und ohne Umluft in unterschiedlichsten Ausführungen. Alle elektrischen Heizungen sind selbstverständlich nur mit thermostatischer Regelung sinnvoll. Eine weitere Variante sind Rohr- oder Rippenrohrheizkörper aus Edelstahl. Sie verteilen die Wärme auf bis zu ca. 2 m Länge, was in der Wärmeverteilung einer Warmwasserheizung am nächsten kommt. Elektrische Bodenheizungen bringen Bodenwärme bei der Aussaat und der Stecklingsvermehrung. Daneben dienen sie in den Übergangsmonaten auch zur Unterstützung im Grundbeet, wenn es in der Umgebung schnell abkühlen kann. Auf Tischen und unter Vermehrungsschalen kommen meist Wärmematten zum Einsatz. In Grundbeeten verwendet man Heizkabel, die jeder beliebigen Fläche angepasst werden können. Man rechnet mit ca. 100 Watt/m$^2$.

Beta-Solar Wärmespeicher aus PE-Schläuchen.

Elektroheizung mit Wärmeverteilung.

### Den Fachmann fragen

Alle Heizungen, ob Strom oder Gas, müssen fachgerecht eingebaut werden. Elektrische Geräte müssen mindestens der Schutzart „tropfwassergeschützt“ entsprechen. Ein Fehlerstromschalter ist unentbehrlich! Gasheizungen nur vom Fachmann installieren lassen. Bei anderen Heizungen den Schornsteinfeger ansprechen. Ein Anschluss an das System der Hausheizung ist natürlich auch möglich.

## Gasheizungen

Gasheizungen haben einen hohen Wirkungsgrad bei der Ausnutzung der eingesetzten Energie, die zu 99 % in Wärme umgewandelt wird. Meist werden platinbeschichtete Katalysatorbrenner eingesetzt, die zusätzlich die Luft im Gewächshaus mit $CO_2$ anreichern. Für einige Pflanzen kann die $CO_2$-Konzentration allerdings zu hoch werden, vor allem blühende Pflanzen vertragen das nicht, während Gemüse davon im Wachstum profitiert.

## Lüftung, wichtig für den Erfolg

Mindestes 20 % der Gesamtoberfläche des Gewächshauses soll als Fensterfläche für die Lüftung zur Verfügung stehen. Schon beim Bau oder Kauf muss man darauf achten. Die Fenster sollten sich möglichst in beiden Dachflächen befinden, um auf der jeweils windabgewandten Seite lüften zu können. Auch Seitenlüftungen sind hilfreich. Im Sommer erzielt man mit möglichst tief angesetzter Seiten- und einer entsprechend hohen Dachbelüftung eine optimale Luftzirkulation, da die warme Luft aufsteigt und von unten kühle nachgeführt wird. Jede natürliche Belüftung ist einer Zwangsbe- bzw. -entlüftung vorzuziehen. Lüften über die Tür ist nicht ratsam, da hierbei zu viel Luftfeuchtigkeit entweicht. Das führt zu Welke der Pflanzen im Haus, obwohl eigentlich genügend Feuchtigkeit im Boden verfügbar ist. Die Pflanzen können das Wasser nicht schnell genug nachführen (Transpiration).

Dach- (mit Fensterheber) und Seitenfenster.

## Automatische Fensteröffner

Automatische Fensteröffner sind, wie schon erwähnt, unentbehrlich, verhindern sie doch die Überhitzung des Gewächshauses. Die meisten Geräte enthalten einen Zylinder, der mit Wachs (Öl) gefüllt ist, das sich bei Wärme ausdehnt und über eine Hebelmechanik das Fenster öffnet. Je nach Hersteller beträgt die Tragkraft des Zylinders zwischen 7 und 18 kg. Eine Feder zieht das Fenster bei niedrigen Temperaturen wieder zurück. Durch Spannung in der Mechanik lässt es sich stufenlos einstellen. Fensteröffner sind praktisch wartungsfrei. Wichtig ist eine stabile Sturmsicherung in Form einer Rückholfeder. Es gibt auch Öffner, die nur mit einer Metallfeder funktionieren, da sorgt die Legierung dafür, dass sich die Feder bei hohen Temperaturen ausdehnt und bei niedrigen zusammenzieht.

Automatischer Fensterheber, hier mit Wintersicherung.

## HÄUFIGE FEHLER

Bei starkem Wind sollten alle Fenster geschlossen werden, da der Wind sonst Fenster verdrehen kann. Im Winter die automatischen Fensteröffner ausbauen bzw. den Druckzylinder oder die Feder entfernen und alle Fenster sichern!

Doppelschiebetür, breit genug für eine Schubkarre.

## Türen nicht zu klein wählen

Die Mindestbreite einer Gewächshaustür beträgt ca. 70 cm, das reicht, um mit einem Schubkarren passieren zu können. Nur so ist vernünftiges Arbeiten im Haus möglich, z. B. wenn der Boden getauscht werden muss oder Pflanzen transportiert werden sollen. Viele Häuser haben Schiebetüren, sie sollen Platz sparen, weil sie sich außerhalb des Gewächshauses bewegen. Die Abdichtung ist meist eine Bürstendichtung, die im Winter auch schon mal zufrieren kann.

### Was ist noch zu beachten?

Die Türen müssen sorgfältig eingepasst werden, schon kleine Abweichungen im

Bankbeet und Hängetische für Jungpflanzen.

Fundament oder ein „ungenauer“ Einbau verhindern die im wahrsten Sinne des Wortes reibungslose Funktion. Doppelschiebetüren gibt es nur in größeren Häusern. Flügeltüren, auch als Doppeltüren, müssen vor allem fest schließen. Dafür sorgen Dichtungen, am besten aus Vollgummi wie bei Autotüren. Praktisch sind Halbtüren, in Norddeutschland auch Pferdestalltür oder Klöntür genannt. Der geschlossene untere Teil soll Haustiere oder Kleinkinder aus dem Gewächshaus fernhalten, während der obere geöffnet der zusätzlichen Lüftung dient.

## WICHTIG ZU WISSEN

Dichtungen an der Tür im Winter wie bei Autotüren mit Talkum oder Glyzerin behandeln. Da Flügeltüren leicht vom Wind auf- oder zugeschlagen werden und zu Bruch gehen können, sollten sie aus Sicherheitsgründen immer mit Kunststoffplatten ausgerüstet werden. Praktisch: Von einem Hersteller wird ein Blech als Auffahrplatte (besser: Überfahrplatte) angeboten. Es wird über die Türschwelle gelegt, und man kann mit der Karre drüberfahren.

## Wege im Gewächshaus

Der Weg im Kleingewächshaus sollte mindestens 50 cm, aber nicht mehr als 60 cm breit sein. Ein schmalerer Weg ist nicht sicher, ein breiterer ist reine Platzverschwendung. Für Rollstuhlfahrer und ältere Personen gilt dies natürlich nicht. Auf jeden Fall sollte man rutschfestes Material einarbeiten, Feuchtigkeit und Algen bergen eine Unfallgefahr. Betonplatten oder Holzbretter kommen als Wegbelag nicht infrage. Kies und Sandwege sind allenfalls 2. Wahl. Verlegt werden Wege immer mit einem leichten Gefälle, damit Wasser ablaufen kann. Praktisch sind Platten aus recyceltem Kunststoff (Gummimatten) als rutschfeste Wegeplatten. Geeignet ist auch ein Holzrost mit quer zum Weg ausgerichteten Latten.

## Beete im Gewächshaus

Um Tomaten & Co zu pflegen, braucht man nur den Boden im Gewächshaus aufzubereiten. Allerdings hat es sich als praktisch erwiesen, wenn man zum Weg und zur Seitenwand einen Beetrand aus Beton oder Holz erstellt. So kann der Boden sauber ausgetauscht und bearbeitet werden. Wird der Weg aus U-Steinen erstellt, ergibt sich automatisch das Bankbeet, wie der Gärtner es nennt. Ein Beet sollte übrigens nicht breiter als 1,20 m sein, um es optimal bearbeiten zu können.

Wege aus Holz, möglichst quer zur Wegrichtung anlegen.

## Tische und Hängeborde

Am Anfang sind alle Pflanzen klein, zur Bearbeitung sollten sie zunächst rückenschonend auf Tischen untergebracht werden. Aussäen, Pikieren oder Topfen ist dann wesentlich einfacher. Besonders praktisch sind bewegliche Tische. Jungpflanzen benötigen viel Licht, ihre Entwicklung nah an der Scheibe/Platte verläuft daher optimal. Auch Hängetische sind mithilfe von Hammerkopfschrauben schnell montiert. Wenn im Bankbeet der erste Salat heranwächst, können sich auf den Hängetischen die Jungpflanzen entwickeln.

Wer genügend Platz hat, sollte auch einen Arbeitstisch einplanen. Pikieren im Frühjahr ist nicht nur für den Menschen – und besonders seinen Rücken – im warmen Gewächshaus angenehmer, sondern auch für die kleinen Pflanzen!

3-fach-Nutzung: Hängetisch, Tisch und Bankbeet.

**Die Kunst besteht darin, den zur Verfügung stehenden Platz optimal zu nutzen.**

## Schattierung

Ob man gleich das ganze Gewächshaus oder nur einzelne Pflanzen schattieren muss, hängt von der jeweiligen Kultur ab. Schattierung ist im Gewächshaus aber für alle Pflanzen zeitweise notwendig. Das fängt beim Seidenpapierbogen über der Saatkiste an, das kann aber auch die alte Gardine über den frisch gepflanzten Gurken, ein Vlies über umgetopften Kübelpflanzen oder eine komfortable Außenschattierung mit Motor sein. Wärme oder Licht, die gar nicht erst ins Haus kommen, sind am effektivsten. Wenn dann noch ein Abstand zum Glas – mit Glas ist immer jegliche Bedachung gemeint – dazukommt, ist es optimal. Schattierleinen mit meist 50 % Wirkung können außen oder innen im Haus angebracht werden. Schattierfarbe für Gewächshäuser wird außen auf die Scheiben gestrichen oder gespritzt. Im Lauf des Sommers wäscht der Regen die Farbe wieder ab; letzte Reste im Herbst abwaschen oder einen Spezialreiniger verwenden. Für ganzjährig beheizte Gewächshäuser kann man auch Energieschirme, die im Haus montiert werden und zusätzlich isolieren, als Schattierung verwenden. Solche Gewebe sind immer auch lichtdurchlässig.

Im Hochsommer ist eine Schattierung dringend anzuraten.

Energieschirm, hier als Schattierung genutzt.

## Die Beleuchtung

Für den Hobbygärtner ist Zusatzlicht eigentlich nicht notwendig, mit einer Ausnahme: bei der Anzucht. Gerade im späten Winter oder im zeitigen Frühjahr haben wir in unseren Breiten nicht immer optimale Lichtbedingungen für Keimung und Wachstum. Beste Startbedingungen sind aber für den späteren Erfolg, also die Ernte, verantwortlich. Spezielle Wachstumslampen, mit der richtigen Wellenlänge für pflanzliches Wachstum, werden im Zubehörhandel angeboten, für den Erwerbsgartenbau jetzt auch LED-Leuchten, die sicher bald auch für Hobbygärtner erhältlich sind.

Die Pflanzenleuchte bietet Zusatzlicht besonders für Jungpflanzen.

### Strom und Wasser

Wenn irgend möglich, sollte man einen Strom- und Wasseranschluss einplanen. Auch nachts kann es wichtig sein, das Gewächshaus zu kontrollieren, z. B. nach einem Sturm. Dann ist eine Beleuchtung unverzichtbar. Wasser wird nicht nur zum Gießen genutzt, sondern z. B. auch zur Reinigung von Gefäßen – ein Anschluss im Gewächshaus ist daher praktisch.

## Unverzichtbares Zubehör

Ein Thermometer, ein Hygrometer und die richtige Gewächshausgießkanne erleichtern die Arbeit. Letztere hat ein extralanges

Gießrohr, verschiedene Brausen und eine besonders feine Brause für Aussaaten. Wird mit dem Schlauch gegossen, ist ein Gießgerät angebracht. Wenn es aus Aluminium gefertigt ist, stimmt die Qualität und es ist auch nicht zu schwer. Wichtig sind unterschiedliche Brausen und ein Abstellhahn am Gerät.

### WICHTIG ZU WISSEN

Befindet sich das Gewächshaus in Wohnungsnähe, kann auch eine Funküberwachung der Temperatur und Luftfeuchtigkeit praktisch sein. Solche Geräte sind preiswert und können manchmal sogar rechtzeitig vor Frost warnen.

## Ventilatoren

Für Gewächshäuser gibt es spezielle Ventilatoren zur Belüftung. Dabei sind nicht die zur Zwangsbelüftung gemeint, die nur bei mangelnden Lüftungsmöglichkeiten von Nutzen sind, sondern solche, die frei im Gewächshaus für eine sanfte Luftbewegung sorgen, was Pilzkrankheiten und Bakterien verhindert. Ventilatoren werden auch mit Solarbetrieb angeboten.

## Dachrinne

Über die Dachrinne wird Regenwasser gesammelt, Behälter zum Auffangen des Wassers gibt es in unterschiedlichen Größen, der Wasserbedarf wird durch die Kultur bestimmt, aber alle Gemüse brauchen grundsätzlich viel Wasser. Vom Wassersammler außerhalb des Hauses sollte immer ein Vorrat temperiertes Gießwasser im Haus vorhanden sein, das können Kannen oder ein größerer Behälter sein.

## Fazit: Lohnt sich der Selbstbau?

Vielleicht kann man durch den Selbstbau eines Gewächshauses Geld sparen, aber nur dann, wenn man ein wirklich guter Handwerker ist, wobei noch zu klären wäre, ob man besser mit Metall oder Holz umgehen kann! Ein Selbstbau setzt Grundkenntnisse der Baumaterialien und der Statik voraus. Ob das Haus dann aus Holz-, Aluminium- oder Eisenprofilen erstellt wird, ist auch eine Frage des Könnens, wobei fertige Aluminiumprofile in diversen Größen im Handel erhältlich sind. Sicher wird Holz ganz oben in der Hitliste zu finden sein, es lässt sich „leicht“ verarbeiten, doch kann man hier auch die meisten Konstruktionsfehler machen. Man muss Fachleute konsultieren oder Aufbauanleitungen erwerben, die manchmal sogar im Internet angeboten werden. Interessant kann der Bau aus gebrauchten Fenstern sein, aber auch diese Selbstbaualternative eignet sich nur für den Heimwerker, der über Erfahrung im Holz- und/oder Metallbau verfügt. Alle anderen sind gut beraten, sich ein fertiges Gewächshaus im Handel zu kaufen.

Gewächshausgießkanne mit langer Tülle.

# Frühbeete und Folien

## Am Anfang war das Frühbeet

Will man wissen, was eigentlich ein Frühbeet ist, sollte man sich klarmachen, dass sich das Wort wohl vom Bett herleitet. Im Bett wollen wir es warm und kuschelig. Das Frühbeet ist also der warme und kuschelige Aufenthaltsort für Pflanzen. Wir unterscheiden unterschiedliche Arten von Frühbeeten.

## Mistbeet oder warmer Kasten

Ein Mistbeet ist ein „gepackter Kasten". Da früher fast ausschließlich mit Mist gepackt, also beheizt wurde, hat sich die Bezeichnung auf alle beheizten Kästen übertragen – eigentlich eine biologische Heizung. Ein solches Treibbeet nutzte man zum Vortreiben von Gemüse und Zierpflanzen. Eine weitere, spätere Bezeichnung war Niederglas, im Gegensatz zu Gewächshäusern. Als Wanderkasten wurden bewegliche Frühbeete bezeichnet, die zum Treiben über die Kultur gesetzt wurden. Ein kalter Kasten ist ein Frühbeet ohne Heizung oder Mist, ein warmer Kasten ist beheizt.

Gewächshaus und Frühbeet sind eigentlich eine Einheit.

# Ernteverfrühung mit Folien

Ein Folienzelt oder Tomatenhaus ist eigentlich kein echtes Frühbeet, aber auch kein Gewächshaus, ebenso wenig wie die als Cloches bekannten Glasglocken in England und Frankreich. Die preiswertere Variante sind Pflanzhauben aus Kunststoff, die der Einzelpflanze Schutz bieten. Überhaupt haben Folien und Vliese im modernen Garten manche Aufgaben des Frühbeetes übernommen. Dazu gehören die Verfrühung von Gemüse, der Frostschutz und die Bodenpflege. Ein Frühbeet eignet sich aber auch, um am Fenster vorgezogene Jungpflanzen abzuhärten. Ein bis zwei Wochen vor dem Auspflanzen werden sie auf das Freiland vorbereitet. Sie müssen behutsam an die Sonne gewöhnt werden, deswegen in den ersten Tagen die Frühbeetfenster schattieren, da ansonsten Verbrennungen auf den empfindlichen Blättern entstehen können.

### Tipp aus der Praxis

Um Folien vor dem Wind zu schützen, kann man PE-Schläuche aus UV-stabilisierter Folie mit Sand füllen. Sie werden mit einem Haushaltsfolienschweißgerät beidseitig verschlossen. Schwarze Schläuche dienen zusätzlich der Wärmespeicherung. Bei einer Länge von ca. 40 cm und einem Durchmesser von 10 cm haben sie genügend Auflagefläche und Gewicht, um Folien zu halten. Meist lassen sie sich über zwei Jahre verwenden.

## Loch- und Schlitzfolien

Gelochte oder perforierte Folien haben Löcher oder Schlitze mit unterschiedlichem Durchmesser. Durch diese Öffnungen ge langt Gieß- und Regenwasser trotz Folienauflage relativ ungehindert an die Kulturen, außerdem kommt auch noch genügend Luft hindurch. Geschlitzte Folien sind dehnungselastisch, ihre Oberfläche in Längsrichtung geschlitzt. Die Anzahl der Schlitze hängt von der Verwendung der Folien ab. Schlitzfolien zur Ernteverfrühung im Frühjahr und im Herbst haben bis zu 10 000 Schlitze/m².

Am Anfang liegt die Folie locker mit geschlossenen Schlitzen über den Pflanzen. Mit zunehmendem Wachstum der Pflanzen drücken diese die Schlitze immer weiter auseinander – daher ist ihre Handelsbezeichnung „wachsende Folien“. Angeboten werden Schlitzfolien als Meterware (häufig 1,20 x 10 m) oder als Hauben, beispielsweise für Tomaten.

Lochfolie über Frühbeet, luftiger Schutz.

## Vliese

Weiße oder grüne Vliese sind im Erwerbsgartenbau inzwischen unentbehrlich, sie sollten häufiger, auch von Hobbygärtnern, eingesetzt werden. Vlies besteht entweder aus Polyester oder Polypropylen. Es wird aus thermisch gebundenen Endlosfasern gefertigt, die kreuz und quer miteinander

Vliese sind inzwischen unentbehrliche Helfer im Garten und Gewächshaus.

verbunden werden. Die Oberfläche ergibt ein Gewebe mit unzähligen winzigen Öffnungen. Vlies ist geschmeidig und wiegt im Durchschnitt nur 17 g/m². Es ist gegen Fäulnis und Verrottung beständig, lässt Wasser und Luft durch und ist reißfest. Da bis zu 80 % des UV-Lichts passieren können, werden Geschmack und Aroma von Gemüsepflanzen wenig beeinflusst. Vlies ist beständig gegen mineralische Düngesalze, Pflanzenschutzmittel, Bakterien oder Bodensäuren. Der Handel bietet es als Gartenvlies in 1,20 m oder 1,50 m Breite und 10 m Länge an. Es erhöht die Bodentemperatur und bewirkt, dass die eingeschlossene Luft sich deutlich erwärmt: bis -7 °C Kälte schirmt das Vlies die darunter wachsenden Saaten ab. Dabei bilden sich durch die Feuchtigkeit der Pflanzen kleine Eiskristalle in den winzigen Vliesöffnungen, welche die Pflanzen wie eine Folie schützen.

## WICHTIG ZU WISSEN

Bei sämtlichen Gemüsearten sollte die geschlossene Folie ab Mitte/Ende Mai an einem bewölkten Tag entfernt werden. Benutzte Folien und Vliese zunächst reinigen und stets trocken und lichtgeschützt lagern. Erst ab September kommen sie wieder zum Einsatz.

## Folientunnel und -hüte

Folien werden auch als Tunnel oder Hauben zum Schutz einzelner Pflanzen eingesetzt. Einfache Tunnelkonstruktionen sind eigentlich schon Frühbeete, wenn auch leider schlecht zugänglich. Als typische

Dem Schutz einzelner Pflanzen dienen Pflanzenhauben.

Vliese und Folien sind unentbehrliche Helfer im Garten.

Baumarktartikel lässt ihre Qualität vielfach nur eine einmalige Nutzung zu. Anders Hauben oder Cloches, die wie ein spitzer Hut geformt sind – sie können als Keimhilfe und Frostschutz mithilfe von Stöckchen bzw. Drahthaken über Einzelpflanzen gestülpt werden. Unter dem Hut entwickelt sich bald ein günstiges Kleinklima, von dem einzelne Salat-, Porree-, Gurken-, Schnittlauchpflanzen profitieren. Sie dienen aber auch als Spätfrostschutz für keimende Bohnen.

# Frühbeetkästen

Das Frühbeet kann ohne Gewächshaus genutzt werden, aber ein Gewächshaus sollte bei einer Nutzung für Gemüse nicht ohne Frühbeet betrieben werden. Nicht zuletzt die Abhärtung der Jungpflanzen vor dem Auspflanzen ist ein wichtiger Nutzen. Frühbeete lassen sich leicht selbst bauen, allerdings werden auch Bausätze im Handel offeriert. Die Rahmen bestehen aus Holz, Aluminium oder Stahl, die Abdeckung aus Glas, Stegdoppelplatten oder Folie. Man unterscheidet Einfach- und Doppelfrühbeete, die besser zugänglich sind. Aber alle haben eines gemeinsam: Sie sind zu klein! Ausnahmen sind bis ca. 2 m lange Frühbeete mit Stegdoppelplatten (10–16 mm), die aber bis ca. 600,- € kosten.
Wenige Hersteller bieten Frühbeete im Baukastenprinzip an, die auch gern für die Haltung bzw. Überwinterung von Schildkröten genutzt werden, dafür sind sie dann auch groß genug. Doch besonders die Höhe lässt zu wünschen übrig, da vorgezogene Pflanzen nun einmal Platz brauchen. Wichtig ist auch, dass der Luftraum nicht zu klein wird und sich dann viel zu schnell aufheizt.
Auch ein gepacktes, also echtes Mistbeet, muss schon recht „groß“ sein, um sich genügend zu erwärmen. Heute kann man die Packung durch eine kleine Gasheizung oder ein Heizkabel ersetzen. Meist lohnt der Aufwand jedoch nicht, die Verfrühung beträgt im Frühjahr nur drei bis vier Wochen.

**Der Frühbeetkasten ist der kleine Bruder des Gewächshauses und passt in jeden Garten.**

Ausreichende Belüftung auch im Frühbeet.

## Selbst bauen ist manchmal besser

Ein Frühbeet ist schnell selbst gebaut. Maßstab war früher die Norm der Frühbeete aus deutschen oder holländischen Fenstern (1,50 x 1 m oder 1,50 x 0,80 m). Als Tiefe (Breite) hat sich 1,50 m in der gärtnerischen Praxis bewährt.
Holz ist der gebräuchlichste Werkstoff, wobei natürlich nur mit pflanzenverträglichen Mitteln imprägniert werden darf. Eine Isolierung der Wände mit Styroporplatten schützt das Innere vor Kälte. Die Höhe des Kastens sollte mindestens 30 cm betragen, die Länge ist beliebig. Es ist günstiger, wenn die Rückwand etwas höher ist als die Vorderwand, damit das Wasser schnell abläuft und die Sonne besser die Pflanzen bescheinen kann. Als Abdeckung des Kastens eignen sich ausrangierte Fenster, die dann die Größe vorgeben, oder Stegdoppelplatten. Auch mit Luftpolsterfolie bespannte Rahmen sind praktisch. Wichtig: Leichte Fenster müssen mit Türscharnieren gesichert werden. Zwischen Fenster und Erde muss etwa 25 cm freier Raum bleiben, dann hat auch Salat genug Platz.
Für den Standort sollte eine sonnige, geschützte Lage gewählt werden. Sind im zeitigen Frühjahr oder im Herbst Fröste zu erwarten, muss man den Kasten über Nacht

Frühbeet selbst gebaut aus Holz, Abdeckung mit Wellplatten aus PVC.

noch zusätzlich schützen. Rohrmatten, auch als Mistbeetmatten bekannt, oder eine Wolldecke und eine zusätzliche Noppenfolie sind dafür geeignet.

## HÄUFIGE FEHLER

Bauanleitungen finden sich im Internet und in Gartenzeitungen, doch meist handelt es sich um mehr oder weniger kleine Anzuchtkästen. Doch je kleiner das Frühbeet, umso rascher kühlt es aus bzw. erwärmt sich auch schneller – das kann für Jungpflanzen gefährlich werden. Das sollte man auch beim Kauf beachten, preiswert sind eben nur die zu kleinen Frühbeete. Holz nie mit pflanzengefährlichen Schutzanstrichen schützen. Folien als natürlich nur UV stabilisiert verwenden. Verpackungsfolien sind nicht geeignet, auch wenn sie sich als Luftpolsterfolien scheinbar dafür anbieten!

## Frühbeete nutzen

Die Nutzung des Frühbeets unterscheidet sich nicht wesentlich von der Nutzung des unbeheizten Gewächshauses – sobald der Boden frostfrei ist, geht es los. Stand das Frühbeet im Winter ohne Abdeckung, darf anfänglich nur wenig gegossen werden. Lüften regelt die Temperatur, im Februar kann es unter Glas auch bei noch kühler Außenluft schon recht warm werden. Gelüftet wird mit Feingefühl! Früher war bei den Gärtnern für das Frühbeet ein Lüftungsholz gebräuchlich, ein etwa 30 cm langes Stück Dachlatte, 4 x 6 cm. Je nachdem ob es lang, quer oder hoch unter das Fenster gebracht wurde, entstand ein Spalt von 4, 6 oder 30 cm. Entsprechend viel oder wenig Luft wurde zugeführt. Das ist auch heute noch praktisch. Eingeschränkt wird die Nutzung lediglich durch die Größe, eigentlich die Höhe der Pflanzen. So lassen sich im Frühbeet beispielsweise besser Einlege- als Schlangengurken kultivieren.

## WICHTIG ZU WISSEN

Gute Informationen über spezielle Pflanzensorten für das Gewächshaus – und natürlich auch für Frühbeete – enthalten die Kataloge der Anbieter. Zusätzlich findet man Hinweise auf Sorten bei den Landwirtschaftskammern.

# Gewächs-hauspraxis

## Nutzung des Gewächshauses

So vielfältig Pflanzenhobbys sind, so unterschiedlich ist die Nutzung der Gewächshäuser. Einer sammelt Orchideen, ein anderer Kakteen, manche wollen nur mediterrane Kübelpflanzen überwintern, möglich ist auch der Anbau von Stauden oder Gehölzen. Sicher die häufigste Variante ist die Kultur von Tomaten, Gurken und anderem Gemüse, dazu die Anzucht einiger Sommerblumen – das wars! Schade, gerade die Ganzjahresnutzung in einem weitgehend unbeheizten Gewächshaus ist spannend; der letzte eigene Feldsalat aus dem Gewächshaus kann Weihnachten geerntet werden, der erste im Jahr dann das Neujahrsmenü anreichern. Dabei ist der Pflegeaufwand im Winter eher bescheiden.

### Sicher ist sicher

Zur optimalen Nutzung sollte man eine Heizung einplanen, um Frost im Frühjahr und meist bis Weihnachten auszuschließen. Ab März/April und bis Dezember sind es ja nicht viele extrem kalte Nächte, wobei Ausnahmen die Regel bestätigen. Die Kosten halten sich in Grenzen und der gefühlte Nutzen ist extrem hoch.

Viele Kakteen brauchen im Winter eine Heizung.

Der Normalfall ist leider, dass die letzten Tomaten oder Gurken geerntet sind und die traurigen Reste bis ins Frühjahr nicht entfernt werden. Das ist nicht nur ein unschöner Anblick, die Pflanzenreste ermöglichen allerlei Krankheiten die sichere Überwinterung. Hinzu kommt die Zerstörung des Bodens durch mangelnde Pflege oder Frostgare. In diesem Buch wird nur die „normale Nutzung“ mit Gemüse & Co beschrieben und nicht die mit Spezialkulturen wie Kakteen, die völlig andere Ansprüche an den Boden stellen. Spezialisten muss ich hier auf entsprechende Fachliteratur verweisen.

## Am Anfang steht der Boden

Wie im Garten beginnt alles mit dem Boden, er bestimmt auch im Gewächshaus den Erfolg. Dazu muss er lebendig „bleiben“, und zwar auch im Winter. Je länger ein Gewächshaus oder ein Frühbeet bewirtschaftet wird, desto wichtiger ist langfristig die Humusversorgung. Durch extrem hohe Bodentemperaturen, im Vergleich zum Freiland, werden Abbauprozesse im Boden beschleunigt. So zersetzen sich organische Bestandteile schneller, bauen sich aber auch schneller wieder auf. Bei fehlendem Humusnachschub kommt es dann schnell zu einer Verschlechterung bis zum Absterben des Bodenlebens. Mulchen, Kompost (= organischer Nachschub) und/oder organische Düngung sind daher wichtig. Der Boden darf weder im Sommer noch im Winter „nackt“ sein, Vorbild ist der humusreiche Waldboden. Wenn möglich, kann man Mist einarbeiten. Ideal ist gut verrotteter Rinder- oder Pferdemist, der mindestens ein Jahr gelagert wurde. Er wird entweder vor der Pflanzung der Sommerkulturen, wie Tomaten, Gurken, Paprika oder Auberginen, oder im Spätherbst nach der Ernte eingearbeitet. Eine Alternative ist gut gepflegter, also unkrautfreier Kompost.

Mulchen mit Stroh schützt den Boden im Sommer und Winter.

### WICHTIG ZU WISSEN

Billige Blumenerde hat einen hohen Schwarztorfanteil und ist kein Ersatz für Mist und Kompost. Auch in der Anzucht nicht bei der Erde sparen. Bessere Chancen in der Jugend sind auch für Pflanzen von Vorteil. Profigärtner verzichten selten auf Torf in der Anzucht.

## Bodentausch

Eine andere Variante ist der jährliche Austausch des Bodens im Gewächshaus. So kann man auch der Bodenmüdigkeit vorbeugen. Allerdings ist dies eine schweißtreibende Methode, da der Boden so tief wie möglich ausgehoben wird und der alte Boden gepflegt werden will. Dazu wird er wie Kompost behandelt. Drei entsprechende Vorräte werden gepflegt, abgedeckt, gegossen, mit frischem Mist oder Kompost angereichert und regelmäßig umgesetzt.

## Nicht nur der Gärtner wird müde

Im Garten kann die Mischkultur der Bodenmüdigkeit vorbeugen, im Gewächshaus werden aber nur wenige Kulturen immer wieder angebaut. Durch die relativ einseitige Fruchtfolge ist ein Austausch oder die Ergänzung von Humus im Gewächshaus noch wichtiger als im Garten. Der Wechsel von Kopfsalat, Kohlrabi, Rettich und Radieschen bis zum Sommer, gefolgt von Tomaten, Gurken und Paprika, vielleicht Melonen, Auberginen oder gar Physalis, um letztlich wieder bei Salat, Feldsalat usw. zu enden, ist nicht gerade förderlich für das Bodenleben. Bodenmüdigkeit und Wuchsdepressionen sind die Folge, hervorgerufen durch Nematoden, Welkekrankheiten oder sonstige Pilze und Bakterien. Dazu kommt noch häufig die Versalzung des Bodens durch falsche Düngung. Zur Abhilfe sollte der Boden häufiger, vor allem nach der Ernte, ausgewaschen werden, wofür aber viel Wasser notwendig ist. Um es gar nicht erst so weit kommen zu lassen, sollte man organische Dünger verwenden. Lediglich als sogenannte Kopfdüngung kann mit Düngesalzen gezielt auf den sofortigen Bedarf reagiert werden.

Neben dem Austausch des Bodens, der Humusversorgung und dem Mulchen ist auch die Bodenbearbeitung im Gewächshaus wichtig. Viele Gemüse, darunter Tomaten, wurzeln bis 120 cm, andere, wie Salate, immerhin noch bis 30 cm tief. Die Bodenbearbeitung muss so tiefgründig wie möglich durchgeführt werden.

# Anzucht von Pflanzen

In der Möglichkeit der Anzucht von Pflanzen liegt der große Vorteil eines Gewächshauses, man ist nicht auf die Jungpflanzen vom Gärtner angewiesen, sondern kann seine Vorlieben bei der Auswahl der Sorten, wie den Geschmack bei Tomaten oder Resistenzen bei Salat, berücksichtigen. Ob Stecklinge, Aussaat oder Teilung: etwas Grundwissen ist sicherlich notwendig. Wobei hier die gärtnerische Praxis gemeint ist, da auf Saattüten alle wichtigen Informationen über Saattermine, Aussaatzeiten, Licht- oder Dunkelkeimer aufgedruckt sind. Wer eigenes Saatgut ernten will, wird dagegen mehr „Wissen“ erwerben müssen.

Die Qualität des Bodens ist nicht nur im Garten wichtig.

## F1-Hybriden

Eine wichtige Sache, die jeder Hobbygärtner wissen sollte, ist der Umstand, dass moderne Gemüse- oder Blumensorten überwiegend als sogenannte F1-Hybriden angeboten werden. Dazu werden reinerbige Inzuchtlinien als Elterngeneration gekreuzt, die entstehenden Hybriden bilden die erste Filialgeneration (F1-Generation). Diese F1-Hybriden sind genetisch identisch und man kann sie deswegen nicht einfach durch Samen vermehren. Ihre Eigenschaften sind in der Regel besser als die reinerbiger Sorten.

Große Samen direkt in die Erde stecken.

Ein Andrückbrett für die Aussaat ist schnell selbst gebaut.

### WICHTIG ZU WISSEN

Für die Kultur im Gewächshaus oder Frühbeet möglichst alles in Kästen oder Töpfen vorziehen, das ist sogar bei den Radieschen und Feldsalat möglich. Gut geeignet sind Multiplatten, die man sich beim Gärtner besorgen kann.

## Nur wer sät, kann auch ernten

Bevor es an die Aussaat geht, sollte man das Saatgut auf die Mindesthaltbarkeit kontrollieren und Hinweise zu Keimtemperatur usw. beachten. Das Aussaatgefäß sollte flach und vor allem sauber sein. Auch bei der Erde darf man nicht sparen und sollte deshalb spezielle Aussaaterde verwenden, da diese feinkrümelig und weitgehend sterilisiert ist. Sie enthält keine Schadstoffe und wenig Dünger. Wer Aussaaterde selbst herstellen will, kann Kompost oder Blumenerde und Sand im Verhältnis 2:1 mischen und dann im Backofen bei 220 °C für 10 min erhitzen. Dann benötigt man noch ein Sieb, ein Etikett sowie einen wasserfesten Stift. Ein Andrückbrett hilft beim Verfestigen des lockeren Substrates, um zu gewährleisten, dass alle Samen möglichst guten Erdkontakt haben. Eine Folie oder ein transparenter Deckel schützen vor dem Austrocknen. Nun die Saatkiste oder den Topf etwa bis zur Hälfte auffüllen und die Erde an den Seiten andrücken, damit sie am Rand langsamer abtrocknet: je feiner das Saatgut, umso feinkrümeliger die Erde. Anschließend weiter auffüllen, andrücken, die Oberfläche glätten und dünn absieben.

## Den Samen ausbringen

Jetzt kann gesät werden. Dazu hält man das Saattütchen am oberen Rand fest und schüttelt es vorsichtig, sodass aller Inhalt nach unten fällt, dann erst den oberen Rand abschneiden. Immer darauf achten, dass man später den Text noch lesen kann. Bei feinem Saatgut die Saat zunächst mit sterilem Sand mischen, dann lässt sie sich gleichmäßiger verteilen. Größere Samen direkt auslegen, sonst die Saat vorsichtig aus der Tüte „wackeln“. Danach in Samenstärke das Saatgut mit Erde abdecken, am besten mit einem Sieb. Zuletzt ein Etikett mit Sorte und Aussaatdatum an den Rand der Schale stecken. Nun ist nur noch der richtige Platz zu wählen, idealerweise hell und warm. Wenn nötig, die Schale als Lichtschutz mit Seidenpapier abdecken. Die Pflege beschränkt sich nun auf das Lüften und Wässern. Wichtig ist, dass die Erde während der Keimzeit nicht austrocknet.

## Pikieren

Wenn die Keimlinge sich in der Aussaatschale bedrängen, muss pikiert werden. Dazu eine Schale oder einen Topf wie zur Aussaat vorbereiten und die Sämlinge vorsichtig der Saatschale entnehmen. Nützlich dabei und beim Pikieren ist ein Pikierstab. Die jungen Pflanzen zunächst nach Größe grob vorsortieren, zu kleine und schwache werden nicht verpflanzt. Die Wurzeln kann man, wenn sie zu lang sind, ein wenig einkürzen. Mit dem Pikierholz vorstechen, den Sämling einsetzen und andrücken, dabei den Abstand immer so wählen, dass sich die Keimblätter noch nicht berühren, aber „spüren". Zum Schluss angießen und an einen vor der Sonne geschützten Platz stellen.

### Kleine Sämlinge pikieren

Nach dem Entnehmen aus der Aussaatkiste die Sämlinge schützen, mit Papier abdecken und auf feuchten Tonziegeln ablegen. Nie direkt in der Sonne pikieren. Für sehr kleine Sämlinge kann man sich eine spezielle Pikiergabel basteln - oder in England kaufen. Dazu einen Bambussplitstab (Tonkinstab) aufsplitten und ein kleines Querholz einlegen. So entsteht eine Art Gabel, mit der auch kleine Sämlinge gegriffen werden können. Die Sämlinge nach dem Lockern der Erde mit der Gabel vorsichtig unter den Keimblättern anheben.

## Stecklingsvermehrung

Zur vegetativen Vermehrung gehören Stecklinge, von denen es verschiedene Arten gibt. Am gebräuchlichsten ist der Kopfsteckling, daneben kennt man noch Blatt-, Wurzel- und Triebstecklinge. Sonst benötigt man nur gesunde Mutterpflanzen, ein scharfes Messer, eine Kiste oder einen Topf, in die gesteckt werden soll, sowie Aussaaterde oder besser ein möglichst steriles Torf-Sand-Gemisch (1:1). Die Stecklinge sollten nicht zu weich sein, da sie sonst schnell faulen. Auch zu groß sollten sie nicht sein, sprich, sie dürfen nicht zu viele Blätter haben. Üblich sind ein bis zwei Blattpaare am Steckling. Große Blätter sind einzukürzen, damit soll die Verdunstung reduziert werden. Zum Stecken verwenden wir wieder Töpfe, flache Schalen oder Multiplatten. Der Schnitt soll unterhalb eines Stängelknotens durchgeführt werden, etwa vorhandene Knospen oder Blüten werden entfernt. Wichtig ist ein glatter Schnitt! Die Stecklinge dann in die Erde stecken und andrücken. Angießen, entweder unter Glas, Folie oder Vlies bei hoher Luftfeuchtigkeit bewurzeln lassen. Holzige Stecklinge kann man zuvor in Bewurzelungshormone tauchen, was die Bildung von Wurzeln beschleunigt.

### Holzstecklinge

Stecklinge aus Sträuchern sind ebenfalls leicht zu ziehen, wenn man den Reifezustand des Holzes berücksichtigt. Im Frühsommer bis zum Herbst sind es Weichholzstecklinge, dann Steckhölzer. Am erfolgreichsten sind halbreife Triebe, also diesjährige Triebe.

Multiplatten, in unterschiedlichen Größen sind nützlich.

**Bereits bei der Aussaat beachten, wie viele Pflanzen wirklich benötigt werden.**

# Praxis = Übung und Erfahrung

Im Gewächshaus herrschen extreme Temperaturschwankungen. Eine Wolke vor der Sonne, und schon wird es kühl; ist die Wolke weg, steigen die Temperaturen sofort wieder an. Wird es längere Zeit zu warm oder zu kalt, können Pflanzen verweichlichen. Sie sind dann nicht nur anfälliger gegen Pilze oder Bakterien, sondern auch weniger widerstandsfähig bei Kälte oder Hitze. Nicht immer hat man sonniges Frühlingswetter oder einen schönen Spätherbst, und bei Lichtmangel vergeilen Pflanzen bekanntermaßen.

## Was man wissen sollte

Das Minimumgesetz nach Liebig (1855) besagt, dass das Wachstum der Pflanzen von der knappsten Ressource bestimmt wird. Wenn Licht zeitweilig die knappste Ressource ist, müssen sich folglich alle anderen Faktoren daran anpassen. Praktisch ist damit die Gewächshaustemperatur ebenfalls niedriger einzurichten, die Pflanzen sind trockener zu halten und natürlich darf nicht gedüngt werden. Im Sommer kann bei Hitze Wasser der Minimumfaktor sein. Vereinfacht heißt das, die Blätter ziehen Wasser über die Wurzel aus dem Boden. Der Sog wird über den Wasserverlust durch die Spaltöffnungen der Blätter gesteuert. Bei Hitze, niedriger Luftfeuchtigkeit und geringer Luftbewegung wird der Sog höher als der Wassernachschub – die Pflanze welkt, obwohl Wasser im Boden ausreichend verfügbar ist. Das ist ein kritischer Moment für den Gewächshausgärtner. Viele denken, zur Abkühlung noch mehr lüften zu müssen, z. B. durch das Öffnen der Tür. Damit wird das Problem aber nur verschärft. Die Lösung ist, die Luftfeuchtigkeit zu erhöhen, evtl. durch Schattieren oder indem man beispielsweise Wasser auf Wegen oder Tischen im Haus versprüht.

## Lüften und schattieren

Durch geringe Lüftung und hohe Luftfeuchtigkeit kann die Temperatur im Gewächshaus gesenkt werden. Schattiert wird mit Netzen auf dem Haus, manchmal genügt aber schon ein dünner Papierbogen, der direkt über betroffene welkende Pflanzen gelegt wird. Im Frühjahr und Spätsommer ist Lüftung immer der Schattierung vorzuziehen, um den „Wachstumsfaktor Licht" nicht zu minimieren. Das richtige Gespür bekommt man sicher bald. Gurken z. B. benötigen eine höhere Luftfeuchtigkeit als Tomaten, beiden kann man unter einem Dach in ihren Ansprüchen nicht gerecht werden. Sicher bauen immer noch viele gerade diese Kombination an, weil es nun einmal die beliebtesten Gewächshauspflanzen sind. Nur: Optimale Erfolge kann man auf diese Weise nicht erreichen.

## Wann und wie lange?

Natürlich sind Frischluft und Lüftung im Gewächshaus wichtig, das geht früh im Jahr los, zuerst vielleicht nur ca. eine Stunde täglich, damit der Boden sich erwärmen kann.

Tomaten, Gurken und Paprika sind keine gute Kombination im Gewächshaus.

Herrscht milde Frühjahrswitterung, muss länger gelüftet werden. Die Frischluft soll möglichst über die dem Wind abgewandte Seite in das Gewächshaus gelangen. Idealerweise befinden sich Lüftungsklappen oder -fenster also möglichst an beiden Dachseiten. Ist das nicht möglich, sind die Fenster in die der Hauptwindrichtung abgewandte Seite einzubauen.

Eine Strohmatte schützt das Haus nachts vor Kälte.

## Der Boden lebt

Zur Verbesserung der Luftfeuchtigkeit im Haus trägt vor allem der lebendige Boden bei. Mulchen mit Stroh, Laub oder gehäckselten, unkrautfreien Gartenrückständen hilft dabei, ihn zu erhalten. Eine Handvoll Boden kann zahlenmäßig mehr Bodenorganismen enthalten, als es Menschen auf der Erde gibt. Sie sind natürlich winzig klein, ihr Anteil am Gesamtboden beträgt nur 1 %, aber sie sind wichtig!

## Achtung, Frostschäden!

In unbeheizten Häusern kann Früh- oder Spätfrost Pflanzen vernichten, die ganze Arbeit war dann umsonst! Frostschäden sind aber häufig eigentlich Trockenschäden, die sich durch Gießen vermeiden lassen. Besteht noch Frostgefahr, kann das nächtliche Abdecken des Gewächshauses mit Strohmatten oder Luftpolsterfolie schützen. Nicht wenige Gemüse vertragen Frost, meist stammen sie aus Mitteleuropa und sind daher an unser Klima angepasst und nicht so kälteempfindlich – ein Vlies zur Nacht kann sie zusätzlich schützen.

## Das Haus im Haus

Alle Pflanzen fangen klein an, der Platzbedarf ist zunächst gering. Schalen und Töpfe dicht beieinander im Gewächshaus nehmen nur wenig Platz ein. Muss man deswegen aber im Frühjahr schon das ganze Haus in Betrieb nehmen? Ein Vorhang aus Noppenfolie, vorausgesetzt man kann den Teil separat lüften, schafft ein kleines Anzuchthaus im Haus. Ein Heizkabel und eine Heizmatte sorgen für einen „warmen Fuß". Auch Aufzuchtstationen, teilweise mit integrierter Pflanzenwachstumsleuchte, erfüllen einen ähnlichen Zweck und helfen die Zeit bis zur Ernte zu verkürzen. Eigener Salat aus dem Garten mit eigenen Jungpflanzen schon ab Mitte April ist somit möglich und die Kosten sind dabei überschaubar.

Optimal: Gurken, Tomaten und Bohnen in getrennten Abteilungen.

# Ohne Wasser geht es nicht

Zum gesunden Boden gehört ein Hohlraumsystem, das entweder mit Wasser oder Luft gefüllt ist. Bodenwasser und -luft fördern oder behindern das Bodenleben. Luft und Wasser kommen überwiegend über den Boden in die Pflanzen. Im Freien als Regen, Tau, Schnee usw. – im Gewächshaus durch den Gärtner. Ein Teil des Wassers bleibt als Haftwasser an den festen Bodenpartikeln haften, das ist die Bodenwasserreserve. Je höher die Reserve, umso besser der Boden.

## Das richtige Maß

**Für das Gewächshaus muss stets reichlich Wasser zur Verfügung stehen.**

Auf zu viel Wasser im Boden reagieren Gewächshauspflanzen empfindlicher als auf zu wenig Wasser, der Bedarf ist abhängig von der Pflanze und dem Entwicklungsstadium. Beim Kopfsalat ist er z.B. bis zur Kopfbildung eher gering, mit Beginn der Kopfbildung steigt er gravierend an. Kopfsalat soll – wie alle Salate – lieber einmal kräftig als mehrmals wenig gegossen werden. Die richtige Zeit dafür ist der Morgen, um sicherzustellen, dass Wasser mittags, wenn es am meisten gebraucht wird, auch verfügbar ist. Wenn möglich nicht abends gießen, das erhöht die Luftfeuchtigkeit, die dann bei nächtlicher Kühle selbst im Sommer Pilzkrankheiten wie Grauschimmel begünstigen kann.

## Wasserbedarf

Der durchschnittliche Wasserbedarf im Gewächshaus liegt im Mai für eine fast erntereife Salatpflanze bei 5 l pro Monat. Eine Tomate in der Anzucht benötigt im Mai schon ca. 30 l wöchentlich, im Juli sogar schon ca. 200 l. Wasser muss also immer ausreichend verfügbar sein. Ob Leitungs-, Regen- oder Brunnenwasser ist dabei von den örtlichen Gegebenheiten abhängig. Regenwasser kann man in Becken und Tonnen sammeln, Brunnen- und Leitungswasser nur als Tagesvorrat, um es vor Gebrauch zu erwärmen. Leitungs- und Brunnenwasser sollte man jedoch auf Pflanzenverträglichkeit hin untersuchen lassen.

Gießwasser, besonders für Gurken, im Haus vorwärmen.

### HÄUFIGE FEHLER

Sammelbehälter für Wasser immer abdecken, damit keine Vögel und andere Tiere hineinfallen. Den Behälter öfter reinigen, über den Winter entleeren und sicher verwahren. Tonnen ohne Wasser sind leicht, der Sturm befördert sie über große Entfernungen.

### Feuchtetest

Die Feuchtigkeit des Bodens kann man leicht prüfen, dazu muss man ihn nur in die Hand nehmen. Fühlt er sich trocken und hart an und wird bei Befeuchtung gleich dunkel, ist er wirklich trocken. Feucht ist der Boden, wenn er sich kühl anfühlt, aber nicht staubt, auch bei Befeuchtung wird er nicht dunkler.

# Düngen

Im Gewächshaus wachsen die Pflanzen schneller als im Freien, auch wird mehr geerntet, sodass man zunächst ihre Ernährung sicherstellen muss. Pflanzennährstoffe sind chemische Elemente, die für die Entwicklung einer Pflanze unentbehrlich, notwendig oder nützlich sind. Fehlt auch nur ein Hauptnährstoff, hat dies negative Folgen für das gesamte Wachstum (Minimumgesetz).

## Die Nährstoffe, ihre Bedeutung, mineralische und organische Düngerformen

| Nährstoff | Wirkung in der Pflanze | In mineralischer Form | In organischer Form |
|---|---|---|---|
| **Stickstoff (N):** Vorkommen in der Luft und in Form von Nitraten in Lagerstätten von Kaliumnitrat | Ohne Stickstoff bleiben die Pflanzen klein, bilden nicht genug grünen Farbstoff und kleine Frust- und Notblüten. | Stickstoff wird als Salpeter oder Ammoniumstickstoff zugeführt (die Pflanzen können ihn ohne Bodenbakterien aufnehmen.), z. B. als Kalkammonsalpeter. | Hornspäne, Horngries und Kompost, Guano |
| **Phosphor (P):** Vorkommen in Rohphosphaten (Apatit, Phosphorit) und in Derivaten der Phosphorsäure | Phosphor ist für die Chlorophyllbildung unverzichtbar, er sorgt für kräftige Wurzeln, fördert Blätter, Blüten und Fruchtansätze. | Phosphor wird dem Boden in Form von Kalzium- oder Ammoniumphosphaten zugeführt, z. B. als Thomasmehl. | Knochenmehl/ Blutmehl, Stallmist und Kompost, Guano |
| **Kalium (K):** Vorkommen in Form von Kaliumsalzen (Chlorid, Nitrat, Sulfat), Bestandteil vieler Mineralien (Feldspat und Gesteine, Granit), Hauptbestandteil in Kalifeldspat und Quarz | Kalium regt den Stoffwechsel an und sorgt für feste Zellwände, fördert Reifung und Widerstandsfähigkeit. | Zufuhr in Form von Salzen, z. B. Kalimagnesia | Stallmist und Kompost, Guano |
| **Kalk ($CaCO_3$):** Vorkommen in Mineralien und Gesteinen (Kalkstein, Marmor, Jura, Muschelkalk) | Sorgt für Festigkeit der Pflanzen, wirkt im Boden lockernd und keimtötend, fördert die Zersetzung organischer Stoffe und neutralisiert Säuren. | Zufuhr z. B. als Kalkmergel ($CaCO_3$), Muschelkalk | Muschelkalk, auch Knochenmehl und Kompost |
| **Magnesium (Mg):** Natürliche Vorkommen in Salzlagerstätten | In der Erde bindet es Basen und erhöht die Bodenreaktionen. | Zufuhr in Form von Carbonaten, Sulfaten und Chloriden, z. B. Bittersalz | MgO-haltige Kalke |
| **Spurenelemente** wie Schwefel, Eisen, Mangan, Bor, Zink und Kupfer | Unverzichtbar, für viele Reaktionen in der Pflanze. | Zufuhr in Spezialdüngern und als Beigaben in minimalen Dosen | Kompost, Gesteinsmehle, Guano |

## Kunstdünger oder organisch düngen?

Die heutige Auseinandersetzung zwischen den Anhängern der Verwendung von „Kunstdüngern“ und den Gegnern bewegt sich jenseits sachlicher Diskussionen. Sicher kann jeder entscheiden, was er letztlich als Dünger verwendet, nur ohne geht es im Gewächshaus nicht! „Kunstdünger“ ist negativ besetzt, obwohl das Wort eigentlich nur auf einen synthetisch hergestellten Dünger verweist. Das kann Stickstoff sein, der vollsynthetisch hergestellt wird, aber das gilt auch für Naturprodukte, die chemisch aufbereitet werden.

## Handelsdünger

Meist werden Handelsdünger als organisch-mineralisch offeriert. Als Beispiel die Deklarierung für Guano: *„Organisch-mineralischer NPK-Dünger mit Magnesium, 11+6+4/+3 – für den naturgemäßen Garten –, er ist ein 100 %iger Naturdünger und enthält über 70 % Guano – zusätzlich mit natürlichen Nährstoffen aus Meeresablagerungen und Urgesteinsmehl veredelt.“*

Kunstdünger gibt es nicht, je nach Sorte oder Produkt enthalten Dünger viele Einzelnährstoffe.

Bei Handelsdüngern wird also immer die Zusammensetzung ausgewiesen, die Folgen der Anwendung sind also abschätzbar. Anders bei der Verwendung von Kompost oder Mist, genau lassen sich die Nährstoffe nur über eine Analyse bestimmen. Es gibt daher nur Erfahrungswerte. Das alles ist aber recht kompliziert, hängt doch die Nährstoffaufnahme der Pflanze aus dem Boden nicht nur von der vorhandenen Nährstoffmenge, sondern ebenso von deren Verfügbarkeit ab. Mineralische Dünger sind sofort verfügbar und können teilweise sogar in flüssiger Form über das Blatt direkt zugeführt werden, die sogenannte Blattdüngung, angewendet bei akuten Mangelerscheinungen.

## Organische Dünger

Organische Dünger müssen erst von Pilzen, Bakterien und anderen Kleinstorganismen aufgeschlossen werden, damit sie als Mineralstoffe verfügbar werden und allen im Boden lebenden Organismen zur Verfügung stehen. Dazu wird Wärme benötigt; im Gewächshaus sind darum die Nährstoffe schneller verfügbar als im Garten und müssen auch schneller ergänzt werden.
Fertiger organischer Dünger ist im Fachhandel (siehe Guano) erhältlich. Nicht wenige enthalten jedoch Blut, Knochen und Hörner von Rindern. Wer dabei Bedenken hat, dem bleiben „Kunstdünger“ oder sogenannte vegetabile Düngemittel, die ausschließlich aus Pflanzen hergestellt werden, allerdings mit extrem niedrigen Nährstoffgehalten für Gemüse höchstens ergänzend geeignet sind. Zur Erhaltung der Bodenfruchtbarkeit daher immer zusätzlich organische Dünger anwenden – und Mulchen nicht vergessen!

## Nährstoffbedarf von Pflanzen

Je nach ihrem Nährstoffbedarf unterscheidet man bei Gemüse drei verschiedene Typen:

Bodenproben immer spatentief entnehmen.

Starkzehrer wie Gurken, Kohlpflanzen, Kürbis, Porree, Sellerie, Tomaten und Zucchini; Mittelzehrer wie Chicorée, Fenchel, Möhren, Knoblauch, Pastinaken, Radieschen, Petersilie, Rettich, Salat und Spinat und Schwachzehrer wie Bohnen, Feldsalat und die meisten Kräuter.

Auch ist der Nährstoffbedarf in verschiedenen Entwicklungsstadien unterschiedlich, als Jungpflanzen benötigen sie mehr Stickstoff, zur Reife Kali. Es darf kein Mangel an einem Nährstoff herrschen, aber auch kein Luxuskonsum entstehen, also die Aufnahme überschüssiger Nährstoffmengen, die nicht mehr durch ein verstärktes Pflanzenwachstum verbraucht werden können. Die Folgen sind weiches Gewebe und mangelnde Widerstandskraft gegen Krankheitserreger.

Neben einer Grunddüngung empfiehlt sich eine bedarfsgerechte Kopfdüngung. Nicht zuletzt ist Kalk wichtig, um den richtigen Säuregrad des Bodens zu halten. Weitere Hinweise dazu finden sich bei den einzelnen Kulturbeschreibungen ab Seite 57.

### WICHTIG ZU WISSEN

Einmal im Jahr, am besten vor der Saison, nach dem Bodentausch oder der Bearbeitung, unbedingt eine professionelle Bodenanalyse durchführen lassen. Man erhält dann auch eine Düngerempfehlung für Gemüse und den Hinweis auf die bevorzugte Düngerform.

## Planung und Realität

Selten wird ein unerfahrener Hobbygärtner zuerst ein Gewächshaus bauen und dann den Garten bestellen, umgekehrt wird es sicher häufiger vorkommen. Der Grund ist, eine Ertragssteigerung bei Tomaten und Gurken zu erzielen oder einfach nur mehr knackigen Salat zu haben. Schon bald muss man feststellen, dass nicht alle wünschenswerten Pflanzen nebeneinander angebaut werden können. Kommen neben dem Wunsch nach Gemüse noch Sommerblumen oder Balkonpflanzen hinzu, wird es aber schwieriger. Vor allem unterschiedliche Ansprüche an Wärme, Licht und Luftfeuchtigkeit bringen Probleme. Selbst wenn man sich auf Gemüseanbau beschränkt, sind die Ansprüche verschiedener Arten zu berücksichtigen. So lassen sich Schlangengurken schlecht gemeinsam mit Tomaten kultivieren, dafür aber mit Melonen. Will man sich gar an einen Fruchtwechsel halten, wird es wieder schwieriger. Und dann gibt es noch die Mischkultur, geht das überhaupt im Gewächshaus? Und was nützt eine Mischkultur, wenn man Gemüse anbauen muss, das keiner in der Familie mag? Trotzdem, es geht nicht ohne Plan. Am Anfang steht die Frage, was man anbauen will. Vielleicht doch Tomaten und Gurken? Kann man hierfür das Gewächshaus mit einer Folie unterteilen, vorn an der Tür die Tomaten, im hinteren Bereich Gurken? Und kann man dann beide Hälften lüften?

**Idealerweise ergibt sich die Planung des Gewächshauses aus dem konkreten Bedarf.**

### Wechsel kann nicht schaden

Fruchtfolge und Mischkultur sind im Gewächshaus eher schwer zu praktizieren. Was bleibt, ist die aktive Bodenpflege –

Schneelast kann für Gewächshäuser gefährlich werden. Im Gewächshaus ist er dagegen nützlich, da er den gefrorenen Boden schützt, also öfter eine Lage auf den Beeten ausbringen.

Tagetes zwischen den Gemüsen gepflanzt, ziehen Fadenwürmer magisch an, und diese verschonen dann die Gemüsepflanzen.

freilich nur ein spärlicher Ersatz. Mit der Bodenpflege kann man das natürliche Abwehrsystem der Pflanzen unterstützen, welches dem angeborenen Immunsystem der Säuger (innate imunity system) ähnelt. Stress für die Pflanzen zu vermeiden ist das Ziel, ein lebendiger Boden hilft dabei.

Im Frühjahr macht es sich bezahlt, wenn man auch den Winter über den Gewächshausboden belebt gehalten hat. Trockenschäden, gar Ernterückstände vom Vorjahr, sind natürlich zu vermeiden. Der Boden ruht im Winter unter einer mindestens 20 cm dicken Mulchschicht, auch Schnee kann als Schutz dienen. Ab Ende Januar, Anfang Februar, zumindest wenn kein Dauerfrost mehr herrscht, wird die Mulchschicht vorübergehend entweder ganz entfernt oder verdünnt, damit die Sonne den Boden erwärmen kann. Den Boden unbedingt feucht halten und im Gewächshaus wenig oder gar nicht lüften. Nach der ersten Pflanzung oder dem Aufgehen der Saat wird die Mulchschicht wieder ergänzt, die Stärke ist an die Pflanzengröße anzupassen.

## (Vor-)Freude auf die Saison

Wenn Vorfreude die schönste Freude ist, kann die Durchsicht der Samenkataloge, die Beschreibung der Sorten, überhaupt die Planung der nächsten Gartensaison sicher viel Freude bereiten. Bei der Auswahl aller Sorten sollte man Hinweise auf den Anbau im Gewächshaus oder Frühbeet beachten. Alle großen Samenanbieter weisen auf ihren Verpackungen darauf hin.

### WICHTIG ZU WISSEN

Die Ziele der Pflanzenzüchtung sind ein hoher Ertrag, gute Qualität, ein guter Geschmack, eine gewisse Genügsamkeit in Bezug auf Wasser, Nährstoffe und sonstige Standortansprüche sowie Resistenz gegenüber Krankheiten und Schädlingen. Hinweise auf solche Resistenzen sollte man schon bei der Beschreibung im Samenkatalog beachten.

# Nützlinge im Gewächshaus

Für fast jedes Schädlingsproblem gibt es sanfte und „andere" Lösungen. Sanfte Lösungen sind Pflanzenstärkungsmittel und Nützlinge. Erstere wirken vorbeugend und unterstützen die natürlichen Abwehrmechanismen der Pflanzen. Nützlinge übernehmen den direkten Angriff und vertilgen oder parasitieren Schadinsekten. Die meisten Nützlinge sind natürliche Fressfeinde von Blattläusen, Spinnmilben, Thripsen und anderen. Viele sind unkompliziert zu handhaben, während andere nur bei Einhaltung bestimmter Temperaturen und einer bestimmten Luftfeuchte „arbeiten". Entscheidend für den Erfolg ist lediglich die richtige Auswahl der Helfer.

Doch zunächst gilt es einmal, den Schädiger zu identifizieren. Viele Nützlinge wirken nämlich nur gegen eine Schädlingsart. Folgende werden häufiger eingesetzt: gegen Blattläuse: Gallmücken *(Aphidoletes aphdimyza)*, Florfliegen *(Crysoperla carna)*; gegen Weiße Fliege: Schlupfwespen *(Encarsia formosa)*; gegen Spinnmilben: Raubmilben *(Phytoseiulus persimilis)*; gegen Thripse: Raubmilben *(Amblyseius cucumeris* und *A. barkeri)*; gegen Woll- und Schmierläuse: Australische Marienkäfer *(Cryptolaemus montrouzieri)*.

## Voraussetzungen schaffen

Voraussetzung für die Anwendung der Nützlinge ist, mindestens sechs Wochen vorher auf chemische Keulen aller Art zu verzichten. Die Nützlinge selbst und notwendige Informationen bekommt man im Fachhandel oder direkt bei den Anbietern. Der Einsatz von Nützlingen ist immer teurer als die Verwendung chemischer Präparate. Nützlinge sind nur kurze Zeit lagerfähig und müssen nach dem Versand sofort auf den befallenen Pflanzen ausgebracht werden. Dabei ist den genauen Anweisungen der Produzenten zu folgen, damit sie nicht vorschnell das Gewächshaus ins Freie verlassen.

Die meisten bevorzugen hohe Lichtstärke, Temperatur und Luftfeuchte, deshalb ist der Einsatz nur von März/April bis September/Oktober sinnvoll. Häufig sind sogar mehrmalige Anwendungen erforderlich. Je kleiner die Population der Schädlinge ist, umso größer der Erfolg, also frühzeitig an Nützlinge denken! Haben die Schädlinge überhand genommen, sind die kleinen Helfer überfordert.

### Gut zu wissen

Ein nützlingsschonendes Präparat gegen Blattläuse und andere saugende Schädlinge aus Kaliseife oder Neem (auch Niem genannt) kann unterstützend angewendet werden. Bei der Bestellung der Nützlinge die Gewächshausgröße und den Befallsdruck benennen, nur so kann ein Fachmann wirklich helfen.

Marienkäfer und deren Larven sind natürliche Helfer.

# Obst, Gemüse und Salat aus dem Gewächshaus

## Bewährte Arten und Sorten für Gewächshaus und Frühbeet

Frühbeet- und Gewächshausgärtner mit Lust am Experimentieren können Jahr für Jahr neue Blumen oder Gemüse heranziehen. Es werden zunehmend Sorten angeboten, die sich speziell für die Kultur im Gewächshaus eignen – dies ist dann jeweils auf dem Etikett oder der Samentüte vermerkt. Die Auswahl ist groß, und dem Experimentierdrang sind keine Grenzen gesetzt.

In diesem Kapitel finden sich Informationen zu den beliebtesten Nutzpflanzen, die problemlos im Gewächshaus gedeihen. Es handelt sich in der Regel um Gemüsearten wie Gurken, Paprika oder Tomaten, die aus wärmeren Gebieten stammen, aber auch heimisches Gemüse profitiert von einem schützenden Glasdach.

Asia-Salate sind fast ganzjährig anzubauen.

## Asia-Salate

**Aussaat:** Aussaat ab Februar oder früher im Zimmer. Man legt jeweils sechs Körner in einen 4-cm-Topf, besser in Multiplatten, dann ab März ins Gewächshaus oder Frühbeet und bis zum Einwachsen frostfrei halten. Ab März dann auch direkt ins Freiland in Reihen säen, danach bei Bedarf in Sätzen bis Anfang August. Aussaaten feucht halten. Keimdauer 3–5 Tage, die Saattiefe ist idealerweise 1 cm.
**Pikieren:** Nicht notwendig, bei Direktsaat zu eng stehende Pflanzen entfernen und wie Kresse nutzen!
**Pflanzen:** Ideal sind humose, leicht erwärmbare Böden. Der Pflanzabstand beträgt 15 x 20 cm oder 20 x 20 cm, der Reihenabstand 15–20 cm. Unbedigt Sortenhinweise beachten!
**Wasser und Dünger:** Asia-Salate zählen wie andere Kohlarten zu den Starkzehrern, jedoch ist Stickstoff im Übermaß zu vermeiden, er macht die Pflanzen „weich“ und damit anfällig für Krankheiten. Kompost ist der beste Dünger!
**Ernte:** Die Kulturdauer von der Pflanzung bis zur ersten Ernte beträgt etwa fünf Wochen im Frühjahr, eine Woche weniger im Sommer. Im Herbst bis sechs Wochen. Auf Nitratbelastung achten. Wie bei Schnittsalat können die jungen Blätter in einer Höhe von 10–20 cm geschnitten werden. Mehrfache Schnittnutzung ist möglich, dann sollte aber nicht zu tief geschnitten werden.
**Temperatur und Licht:** Die meisten Asia-Salate sind kältetolerant bis -5 °C, sofern sie eingewurzelt sind, man kann sie bis in den Winter ernten. Hinsichtlich des Klimas bevorzugen sie sonnige bis halbschattige Lagen mit hoher Luftfeuchtigkeit.
**Frühbeet:** Als Frühkultur wie Salat.
**Gewächshaus:** Ausgepflanzt oder in Kisten, Multiplatten ab März im ungeheizten Haus möglich.
**Schädlinge:** Bei den Asia-Salaten muss mit Krankheiten und Schädlingen wie bei allen Kohlgewächsen gerechnet werden, speziell mit Erdflöhen. Das sind etwa 2 mm lange, dunkle, manchmal gelb gestreifte Blattkäfer. Sie fressen Löcher in Keimblätter und junge Blätter. Zudem besteht eine Anfälligkeit für Kohlhernie, ähnlich dem Chinakohl.
**Besonderheiten:** ‘Oriental Greens’ oder ‘Japanese Greens’ sind Arten und Sorten aus dem ostasiatischen Raum, die in Japan züchterisch bearbeitet wurden. Dabei handelt es sich um schnell wachsende Kohlarten. Es sind viele Sorten erhältlich wie ‘Mizuna’, ‘Am Choi’ oder ‘Coi Sum’. So kann man sich mit wenig Aufwand von Frühjahr bis Herbst mit Vitaminen aus dem Gewächshaus oder Frühbeet versorgen. Angeboten werden auch Mischungen aus verschiedenen rasch wachsenden Kohlarten mit scharfem Geschmack sowie Sorten mit mild schmeckenden Blättern. Manche wie ‘Red Giant‘ haben rote Blätter, was dann auch optisch reizvoll ist. Speziell für Wok-Gerichte geeignet ist die Mischung „Oriental-Mix“, es gibt auch Asia-Salat-Mischungen als Saatband, eine schnelle und sehr bequeme Art der Anzucht.

### Gut zu wissen

Asia-Salate können roh genossen, aber auch wie Gemüse oder im Wok zubereitet werden. Im Geschmack reichen sie von mild und würzig bis scharf. Sie können Gerichten eine pfeffrige, pikante Note verleihen.

## Auberginen

**Aussaat:** Ausgesät wird ab Ende Februar bis Mitte März bei 20–28 °C in Schalen oder gleich in Töpfe mit Anzuchterde. Früher nicht lohnend, da die Pflanzen sehr wärmebedürftig sind. Samen vorquellen lassen. Die Keimzeit beträgt 14–28 Tage. In unbeheizten Häusern später aussäen.

**Pikieren:** Wenn die Sämlinge 3–4 cm hoch sind, pikiert man sie in 10-cm-Töpfe und kultiviert sie bei 20 °C weiter.

**Pflanzen:** Die frostempfindlichen Auberginen werden erst gegen Ende April im Abstand von 40 x 60 cm bis 80 x 50 cm im Gewächshaus ausgepflanzt. Sortenhinweise beachten! Zum Pflanztermin ist eine Bodentemperatur von mindestens 20 °C notwendig. Hierfür muss in der Nacht noch geheizt werden, sonst erst ab Mai pflanzen. Bei der Pflanzung mit einem Stab versehen oder an Schnüren hochziehen, es ist bei einigen Sorten mit Höhen von bis zu 1,50 m zu rechnen. Gepflanzt werden sollte in einen humosen, durchlässigen und nährstoffreichen Boden.

**Wasser und Dünger:** Auberginen benötigen über die gesamte Kulturzeit regelmäßige Wassergaben. Als Mittelzehrer benötigen sie einen gut versorgten Boden. Grunddüngung mit organischen Düngern, ab Fruchtansatz wöchentlich auch flüssig düngen mit Brühen oder Guano. Nicht übermäßig gießen wegen der Gefahr von Wurzelfäule, besser gut mulchen. Bei ausreichender Vorversorgung mit Kompost und Mist nur flüssig nachdüngen.

Auberginen – wer will schon Eierpflanzen

**Ernte:** Im Gewächshaus wird ab Juni geerntet, sobald sich die Früchte dunkel färben und glänzen. Sie sollen noch fest, d. h. nicht überreif sein, die Samen im Innern weiß und milchig. Auberginen können bei 8–10 °C, in Folie verpackt, bis zu 10 Tagen aufbewahrt werden.

**Temperatur und Licht:** Während des Wachstums sind Lufttemperaturen von 22 °C bis 25 °C am Tag und nachts zwischen 16 °C und 18 °C günstig. Sonst fallen die Knospen oder Blüten ab. Luftfeuchtigkeit wie bei Tomaten.

**Frühbeet:** Sicher ist der Anbau auch im Frühbeet oder im Folientunnel, ausgepflanzt wird ab Mai.

**Gewächshaus:** Im Gewächshaus die Pflanzen nach der Blütenbildung um die Mittagszeit vorsichtig schütteln, damit die Bestäubung gesichert wird, oder notfalls mit einem Pinsel künstlich bestäuben. Vorkultur mit Basilikum, Kohlrabi, Radies und Spinat.

**Schädlinge:** Spinnmilben, Weiße Fliege, Kartoffelkäfer, Fusariumwelke, Grauschimmel und Kraut- und Braunfäule. Bei der Bekämpfung sollten Nützlinge eingesetzt werden, z. B. Schlupfwespen *(Encarsia formosa)* oder Raubmilben *(Phytoseiolus persimilis)*.

**Besonderheiten:** Auberginen müssen an Schnüren oder Stäben angebunden werden. Durch Einkürzen einzelner Triebe wächst die Pflanze buschiger, und die Fruchtbildung wird gefördert. Qualitativ hochwertige Früchte zieht man an jeweils drei Trieben mit je zwei Fruchtansätzen. Weitere Achseltriebe und Blüten mit Fruchtansätzen werden ausgebrochen. Bei Sorten auf den Hinweis „Gewächshausanbau" und Resistenzen achten. Auberginen sind Selbstbefruchter, die je Blütenstand ein bis zwei Früchte bilden. Wenn Veredelungen angeboten werden, sind diese der Aussaat vorzuziehen.

Mit Auberginen im Gewächshaus ist man auf der sicheren Seite.

## Gut zu wissen

Auberginen stammen aus dem tropischen Ostindien und sind eng mit den Tomaten verwandt. An einer sonnigen, geschützten Stelle können sie auch in großen Töpfen auf der Terrasse kultiviert werden.

Stangenbohnen, ohne „Stütze“ kein Erfolg!

Das Gewächshaus eignet sich ideal zur Vorkultur von Bohnen für das Freiland.

# Stangen- und Buschbohnen

**Aussaat:** Stangenbohnen und Buschbohnen kann man im beheizten Gewächshaus von März bis Juli aussäen, im ungeheizten Haus erst ab Ende April. Zur Anzucht je drei Bohnen in 9-cm-Töpfe legen. Die Töpfe erst zur Hälfte befüllen und dann nach der Keimung auffüllen und den schwächsten Sämling entfernen. Bei Temperaturen um 20 °C dauert die Jungpflanzenanzucht ca. 14 Tage. In derselben Weise können auch Stangen- und Buschbohnen für das Freiland vorgezogen werden, in diesem Fall aber erst ab Mitte April.

**Pikieren:** Nicht notwendig.

**Pflanzen:** Üblich sind sechs Pflanzen/$m^2$, d. h. drei Pflanzstellen mit je zwei Pflanzen. Der Abstand in der Reihe zwischen den Pflanzstellen beträgt 30 cm. Zwei Pflanzen je Pflanzstelle werden an einer Schnur aufgeleitet, sie wachsen dann selbstständig entgegen dem Uhrzeigersinn nach oben. Oben angekommen, werden die Spitzen ausgebrochen, wodurch die Blatt- und Blütenentwicklung verbessert wird. Die Triebe dürfen nicht wieder nach unten wachsen. Zur besseren Durchlüftung nach der Ernte des ersten Blütenstandes die unteren Blätter bis auf ca. 50 cm Höhe entfernen.

**Wasser und Dünger:** Grundversorgung, ansonsten sind Bohnen salzempfindlich. Aus der Sicht des Fruchtwechsels ist die Stangenbohnenkultur eine willkommene Bereicherung für den oft einseitig genutzten Gewächshausboden. Bohnen haben einen hohen Wasserbedarf, daher muss der Boden locker bleiben, da bei Staunässe die Wurzeln unter Sauerstoffmangel absterben können. Hohe Luftfeuchtigkeit ist wichtig. Düngung bei gut versorgtem Boden erfolgt erst nach Blühbeginn.

**Ernte:** Die Ernte der Hülsen beginnt zehn Wochen nach der Aussaat bzw. fünf bis sechs Wochen nach der Pflanzung. Bohnen in 3- bis 4-tägigem-Abstand pflücken. Die Ernte hält über acht bis zehn Wochen an.

Temperatur und Licht: Der Boden soll nicht kälter als 10 °C sein, die Lufttemperatur bei 15 °C am Tag und bis 10 °C in der Nacht, nie darunter. Die Lufttemperatur nach der Pflanzung soll ca. 20 °C betragen, ab Blühbeginn sind dann 18 °C ausreichend. Gelüftet werden Bohnen ab 25 °C. Bei zu hohen Temperaturen reagieren die Pflanzen mit dem Abstoßen der Blüten. Viel Licht ist jedoch erforderlich!

**Frühbeet:** Nur lohnenswert zur Vorkultur für das Freiland.

**Gewächshaus:** Wichtig ist, dass anfangs sparsamer gewässert wird, um den Blütenansatz zu fördern. Mit dem Beginn der Blütezeit benötigen die Pflanzen viel Wasser; Bodentrockenheit lässt die Blüten abfallen. Die Blätter beim Gießen trocken halten. Das Haus sollte reichlich gelüftet werden, damit sich keine Pilzkrankheiten, wie z. B. die gefürchtete Botrytis, einstellen.

**Schädlinge:** Eine verzögerte Keimung durch ungünstige Luft- und Bodentemperaturen fördert den Befall mit der Bohnenfliege.

Durch die richtigen Sortenwahl kann man etwas gegen Virusbefall, Bohnenrost sowie die von Pilzen verursachte Brennfleckenkrankheit und bakterielle Fettfleckenkrankheit vorbeugen.
Die Spinnmilbe ist der Hauptschädling der Bohnen. Um dem Befall vorzubeugen, ist es unerlässlich, befallene Pflanzen – natürlich auch von anderen Kulturen – gründlich zu entfernen, bevor die Population Winterweibchen bildet, also spätestens bis August. Sind die Winterweibchen, man erkennt sie an ihrer roten Färbung, schon von den Pflanzen abgewandert, so ist ein erneuter Befall im nächsten Jahr kaum noch zu verhindern. Hier helfen dann Raubmilben, die als Nützling eingesetzt werden.
**Besonderheiten:** Es gibt Stangenbohnensorten speziell für das Gewächshaus sowie gegen Fettflecken- und Brennfleckenkrankheit und das Bohnenmosaikvirus resistente Sorten. Buschbohnen können direkt im Gewächshaus angebaut werden. Im Frühjahr mit einem Vlies abdecken.

### WICHTIG ZU WISSEN

Bohnen enthalten Phasin, ein Eiweiß, das bei empfindlichen Menschen und Kindern giftig wirken kann. Aus dem Grund dürfen Bohnen niemals roh gegessen werden. Beim Kochen wird das Phasin zerstört.

## Endiviensalat

**Aussaat:** Aussaatzeit ist August, die Keimtemperatur soll möglichst über 20 °C liegen. Frühanbau mit Aussaat im Januar ist im beheizten Gewächshaus möglich, erfordert aber viel Aufmerksamkeit, da die Temperatur nach der Pflanzung wegen der Schossgefahr nicht über 16 °C gehen soll. Besser also im Herbst säen.
**Pikieren:** In Multiplatten, ca. 14 Tage nach der Aussaat in Erdpresstöpfe oder Torftöpfe. Pikierte Pflanzen nicht unter 18 °C halten.
**Pflanzen:** Der erfolgreiche Anbau im unbeheizten Gewächshaus ist vom Pflanztermin in der letzten Augustwoche, spätestens Anfang September abhängig. Die Pflanzweite ist mit 25 x 35 cm enger als im Freiland. Beim Anpflanzen sollen Temperaturen nicht unter 10 °C liegen.
**Wasser und Dünger:** Eine ausgewogene Nährstoffversorgung ist wichtig. Waren Tomaten oder Gurken die Vorkultur, ist meist keine zusätzliche Düngung erforderlich. Vor allem niemals frischen Mist einsetzen. Während der Hauptwachstumszeit darf mit Wasser nicht gespart werden.
Werden die Tage kürzer und die Temperaturen niedriger, wird weniger gegossen. Anhaltende Nässe würde unweigerlich zu Fäulnis führen.
**Ernte:** Geerntet werden kann im kalten Gewächshaus fast bis zum Jahresende, ggf. mit Luftpolsterfolie isolieren und/oder mit einem Vlies abdecken. Endivien können bis -5 °C Kälte vertragen.
**Temperatur und Licht:** Gut verträglich, im Herbst unbedenklich, beim Frühjahrsanbau nicht über 16 °C.
**Frühbeet:** Ebenso wie im Gewächshaus möglich.
**Gewächshaus:** Mit Feldsalat und Asia-Salaten anbauen. Wichtig ist reichliches Lüften bis zur letzten Ernte, auch später an trüben und kälteren Tagen. Sonst die Kultur wie Kopfsalat (siehe weiter unten).

Endivie, ein Spätsommer- und Herbstsalat mit (bitterem) Geschmack.

**Schädlinge:** Achtung, beim Herbstanbau besteht Läusegefahr, Schnecken lieben Endivien ebenfalls. Bei einem Blattrandbrand werden die Blattränder schwarz und sterben ab. Ursache ist wahrscheinlich Kalziummangel. Die Symptome eines Befalls mit Falschem Mehltau sind hellgelbe Blattoberseiten und an der Unterseite bilden sich später braune Sporen. Hierauf ist besonders zu achten!

**Besonderheiten:** Die Wildform der Endivie *(Cichorium endivia)* stammt aus dem Mittelmeergebiet und Südasien. Sie wurde schon im Altertum von Ägyptern, Griechen und Römern als Blattgemüse verwendet, allerdings überwiegend gekocht. Seit dem 13. Jahrhundert ist sie auch in Mittel- und Nordeuropa bekannt. Die Sorte 'Bubikopf' gilt seit Langem als besonders anbauwürdig für die späte Kultur. Endivien haben einen würzigen, leicht bitteren Geschmack, der sie deutlich von den Kopfsalaten unterscheidet. Ihr Gehalt an Vitaminen – besonders Vitamin A, B und C – sowie an Mineralstoffen wie Kalium, Phosphor, Natrium, Eisen und Kalzium ist etwa doppelt so hoch wie bei Kopfsalat.

### HÄUFIGE FEHLER

Endivien, wie andere Salate auch, müssen so gepflanzt werden, dass die Keimblätter über der Erde bleiben, sonst tritt leicht Fäulnis ein.

## Feldsalat

**Aussaat:** Der erste Saattermin für Feldsalat ist um den 10. August, dann kann bereits von Oktober an geerntet werden. Der Reihenabstand beträgt 10–12 cm, die Saattiefe etwa 2 cm in gleichmäßig feuchtem Boden. Weitere Aussaaten bis Oktober entweder breitwürfig oder in Reihen. Empfehlenswert ist eine Vliesauflage sofort nach der Saat. Sie wird erst nach der Keimung der Sämlinge wieder entfernt. Besser ist jedoch eine Pflanzung nach Vorkultur auf abgeräumte Beete. Gesät wird in Multiplatten.

Feldsalat, ein typisches Herbst- und Wintergemüse, nicht nur auf dem Feld

Im Februar erneut Feldsalat als Erstkultur.

**Pikieren:** Nicht erforderlich.

**Pflanzen:** Geringe Pflanztiefe einhalten. Mit einem Vlies abgedeckt kann bis −5 °C kultiviert werden. Nur an wirklich sonnigen Tagen gießen, wenn möglich immer lüften. Ernte bis in den März.

**Wasser und Dünger:** Im Herbst- und Winteranbau kann mit höheren Nitratwerten gerechnet werden. Als Folgekultur muss der Schwachzehrer Feldsalat in der Regel nicht gedüngt werden.

**Ernte:** Bei Bedarf werden die fertigen Pflänzchen geschnitten oder gezupft.

**Temperatur und Licht:** Ohne Heizung, an sonnigen Tagen unbedingt lüften.

**Frühbeet:** Frühbeet und Gewächshaus absolut gleichwertig.

**Gewächshaus:** Siehe oben.

**Schädlinge:** Fäulnis sowie Falscher und Echter Mehltau waren früher fast normal. Die Fäulnis lässt sich durch hohes Pflanzen reduzieren, der Befall mit Falschem Mehltau wird über tolerante Sorten verhindert. Echter Mehltau lässt sich ebenfalls über die Sortenwahl reduzieren. Im Frühjahr auf Befall mit Läusen kontrollieren. Das Gewächshaus von Unkrautpflanzen frei halten.

**Besonderheiten:** Feldsalat wird je nach Region auch als Vogerlsalat, Ackersalat, Ackerlattich, Schafmaul, Rebkresse, Rapunzelsalat und Mäuseöhrchen bezeichnet. Bewährt haben sich die Sorten 'Elan', 'Medaillon', 'Verte de Cambrai', 'Vit' und 'Holländischer Breitblättriger', da sie gegenüber Pilzen robust sind. Soll Feldsalat den Winter über angebaut werden, ist Frosthärte wichtig. Feldsalat hat einen feinen nussartigen Geschmack und enthält sehr viele Vitamine und Mineralstoffe.

Salatgurke, Schlangengurke – ein Name für viele lange Versuchungen

## Salatgurke

**Aussaat:** Meist ab Februar im Zimmer, bei Lichtmangel noch warten. Die Mindestkeimtemperatur beträgt 22 °C, besser sind 25–26 °C. Bei 15 °C keimt die Hälfte der Sämlinge innerhalb von 30 Tagen, bei 30 °C keimen 50 % in zwei Tagen. Immer zwei Samen in einen Topf mit einem Durchmesser von 8 cm geben. Wenn sichergestellt wird, dass die Töpfe nicht austrocknen, auch einzeln in 6-cm-Töpfe oder Multischalen. Gut geeignet sind Torftöpfe. Diese zunächst halb mit Substrat füllen und später bis zu den Keimblättern auffüllen, sodass noch neue Wurzeln entstehen können. Die Saattiefe beträgt 1,5–2 cm.

**Pikieren:** Entfällt in der Regel. Wenn man allerdings noch nicht auspflanzen kann und die Pflanzen hungern, lieber noch einmal vorsichtig topfen.

**Pflanzen:** Beim Aus- oder Umpflanzen ab Mitte/Ende April darauf achten, dass die Wurzeln nicht beschädigt werden. Ins Gewächshaus auspflanzen, sobald sich 2–3 Blätter gebildet haben. Der Abstand zwischen den Pflanzen beträgt 60 cm. Zu Beginn kann noch Salat oder Kohlrabi dazwischengepflanzt werden. Zum Pflanzen sollte es nicht zu warm sein, sonst kommt es bei einem Zuviel an Nährstoffen im Boden zu Ausfällen.

**Wasser und Dünger:** Flüssigdüngung ist schon bei den Jungpflanzen möglich, jedoch nur in geringer Dosierung, dafür regelmäßig. Mit dem Beginn der Fruchtbildung muss noch mehr gedüngt werden, jedoch stickstoffarm. Wenn möglich, viel lüften. Kräftig gießen, bei starker Sonneneinstrahlung unter Glas schattieren. Bei Doppelstegplatten und Folie ist Schattieren meist nicht nötig. Nicht mit Tomaten zusammen kultivieren, diese fordern eine erhöhte Luftfeuchtigkeit, die bei Gurken aber zu Krankheiten führt. Besonders an heißen Tagen ist ein zu starkes Absinken der Luftfeuchtigkeit im Kleingewächshaus oder Frühbeetkasten zu vermeiden. Lieber weniger Luft und hohe Luftfeuchtigkeit als niedrige Luftfeuchtigkeit und Frischluft.

**Ernte:** Ab Juni wird täglich geerntet, dabei die Früchte nicht zu groß werden lassen. An Schnüren gezogene Gurken sollten nicht schwerer als 400–500 g werden. Einzelne große Früchte schwächen die Pflanze, es kommt dann zu längeren Erntepausen.

**Temperatur und Licht:** So warm wie möglich! Je nach Witterung ist tagsüber ausreichend zu lüften. Vorsicht: Gurken sind

**Prächtige Gurken bekommt man in lockerer, nahrhafter Erde.**

zugempfindlich. Bei Temperaturen unter 16 °C ist ihr Wachstum gehemmt und bereits angesetzte Früchte werden häufig abgestoßen. Erst mit zunehmender Temperatur verlaufen Wachstum und Fruchtbildung wieder normal.

**Frühbeet:** Mistpackung und Deckerde von 25 cm Höhe. Je Fenster eine Pflanze setzen. Nachts mit Noppenfolie abdecken, die Temperatur sollte nicht unter 15 °C sinken.

**Gewächshaus:** Salatgurken sollten nur im Gewächshaus gezogen werden. Sie werden hier mit einer Schnur geleitet. Die Triebe immer um die Schnur wickeln, nicht die Schnur um die Triebe, sonst besteht Verletzungsgefahr. Man kann Gurken auch in Erdsäcken (Sackkultur), Strohballen oder auf einen Wall pflanzen (Höhe ca. 30 cm, Breite 60 cm). Es bilden sich mehr Wurzeln, die Pflanzen werden optimal versorgt. Unter Glas Fruchtansätze und Blätter am Haupttrieb bis zur Höhe von 50–60 cm entfernen, sonst leidet die Qualität. Darüber am Haupttrieb höchstens noch sechs Fruchtansätze stehen lassen. Den Haupttrieb bis zum Dach und dann waagerecht weiterleiten. Die Seitentriebe am Haupttrieb ebenfalls kürzen, höchstens sechs Fruchtansätze pro Trieb belassen.

**Schädlinge:** Krüppelfrüchte, Veränderungen der Fruchtform, besonders an der Fruchtspitze, entstehen durch zu hohe Temperatur, niedrige Luftfeuchtigkeit und Wassermangel. Gelbe Früchte sind die Folge von zu hoher Temperatur und zu hoher Luftfeuchtigkeit. Sterben ganze Früchte, meist werden sie schon kurze Zeit nach Abfall der Blütenblätter abgestoßen, sind häufig Lichtmangel, zu hohe Temperatur und niedrige Luftfeuchtigkeit, dazu ein zu hohes Nährstoffangebot und Schwankungen im Wasserhaushalt die Ursachen. Virosen lassen sich durch Hygienemaßnahmen und entsprechende Sorten vermeiden. Gefürchtet ist vor allem das Gurkenmosaik-Virus. Bei einer Infektion sind auf den Blättern lichtgrüne Flecken und Kreise erkennbar. Pilze verursachen die Brennfleckenkrankheit, erkenntlich an größeren Flecken ohne gelben Rand um die Befallstellen. Die Flecken fließen sehr schnell zusammen, Teile des Blattes trocknen ein und reißen auf. Auf den Flecken sind blattunterseits mit der Lupe tröpfchenartige rosa Pilzsporenlager zu erkennen.

Bei einem Befall mit Echtem Mehltau sehen die Blattoberseiten aus wie mit einem weißen Puder bestäubt. Verschiedene Fusariumarten lassen auch Welkekrankheiten entstehen. Bei stärkerer Sonneneinstrahlung welken die Pflanzen von der Sprossspitze beginnend. Nachts erholen sie sich vorübergehend, um schließlich doch endgültig abzusterben.

Bei der Sclerotinia-Stängelfäule erscheint an der Stängelbasis oder auch weiter oberhalb ein weißes, watteähnliches Myzel. Rußtau, eine Pilzinfektion, tritt häufig in Verbindung mit der Mottenschildlaus (Weiße Fliege) auf. Der Befall mit Grauschimmel *(Botrytis)* zeigt sich zuerst in glasigen Flecken auf den infizierten Pflanzenorganen. Später bildet sich ein dichter, mausgrauer Schimmelrasen. Die Gurkenkrätze zeigt sich an den Früchten in Form von eingesunkenen Flecken, die mit dem schwarzgrünen, samtartigen Sporenrasen des Pilzes bedeckt sind.

Die Spinnmilbe (Rote Spinne) ist einer der gefährlichsten und häufigsten Schädlinge

Weiße Fliege an Gurken, ein fast typischer Schädling.

bei Gurken. Dazu kommen noch Schnecken, „normale" Läuse und die Weiße Fliege. Unbedingt Nützlinge einsetzen und vorbeugende Maßnahmen gegen Bakterien und Pilze ergreifen.
**Besonderheiten:** Gegen Welke kann die Veredelung auf Feigenblattkürbis gewählt werden. Es werden aber zunehmend besonders widerstandsfähige und ertragreiche Sorten, die ohne Veredelung auskommen, angeboten. Beim Kauf auf spezielle Gewächshausgurken achten. Tolerante Sorten gegen Falschen Mehltau finden sich im Gurkensortiment, meist sind diese Sorten auch virustolerant.

### Gut zu wissen

Gurken verdunsten besonders unter Stress viel Wasser – daher die Luftfeuchtigkeit in den Mittagsstunden durch ein kurzes Übersprühen erhöhen. Allerdings müssen die Pflanzen bis zum Abend wieder abtrocknen können, sonst bereiten Pilzkrankheiten wie Falscher Mehltau und Botrytis Probleme.

## Kohl

**Aussaat:** Erste Aussaat im Zimmer ab Anfang Februar, im heizbaren Gewächshaus oder warmen Frühbeet ab März. Saattiefe: 1 cm, Keimdauer: 10–20 Tage bei 10–20 °C. Früher hat man Blumenkohl im November ausgesät und die Pflanzen überwintert, ab Februar wurden sie im warmen Kasten getrieben, auch Topfkultur wurde praktiziert. Besser ist aber der Zukauf von Jungpflanzen ab Februar.
**Pikieren:** Nach dem Auflaufen wird in Multiplatten oder Torftöpfe pikiert. Jungpflanzen müssen kontinuierlich wachsen können. Blumenkohl vor dem Pflanzen unbedingt abhärten.
**Pflanzen:** Ab März ins beheizte und unbeheizte Gewächshaus und in das Frühbeet. Weißkraut, Wirsing, Kohlrabi und Blumenkohl in kleine Mulden pflanzen. Wenn notwendig, Folie oder Vlies auflegen, aber nicht zu straff.
**Wasser und Dünger:** Bei allen Kohlarten entscheidet die optimale Nährstoffversorgung über den Erfolg. Humoser tiefgründiger Boden ist für die tief gehenden Wurzeln erforderlich. Stickstoff ist wichtig, dazu ausreichend Kalzium und Spurennährstoffe. Schon die Jungpflanze flüssig düngen.
**Ernte:** Die Entwicklungszeit ist abhängig von der Temperatur. Die Blume kann sich erst bilden, wenn genügend Blätter ausgebildet sind. Bei 2 °C kann das vier Wochen dauern, bei 14 °C nur zehn Tage. Zu hohe Temperaturen können die Kopfbildung verzögern. Im März gepflanzter Blumenkohl kann bereits Ende Mai geerntet werden.
**Temperatur und Licht:** Gleichmäßige Temperaturen von 15–20 °C wären ideal. Abweichungen nach unten werden besser vertragen als zu hohe Temperaturen.
**Frühbeet:** Besser als im Gewächshaus, jederzeit auch unter Vlies und Folie.
**Gewächshaus:** Unbeheizte oder frostfreie Häuser ab März.
**Schädlinge:** Kohlhernie, Falscher Mehltau, Viren, Mehlige Kohlblattlaus, Großer und Kleiner Kohlweißling, Kohlmottenschildlaus.

Blumenkohlanbau im Frühbeet – ruhig eng pflanzen.

**Besonderheiten:** Die Sorte 'Igloory' eignet sich für den Frühjahrs-, Sommer- und Herbstanbau. Übrigens: Blumenkohl zählt zu den am leichtesten verdaulichen Gemüsesorten. Neben dem weißen Blumenkohl gibt es aber auch Sorten mit violetten und grünen Rosen, der violette Blumenkohl wird aber beim Kochen grün. Die Angaben gelten auch für andere Kohlsorten, wobei hier nur die Jungpflanzenanzucht unter Glas, die Weiterkultur aber im Freiland erfolgt.

### Gut zu wissen

Seit der Antike kam den Kohlgewächsen wegen ihres hohen Gehalts an Vitamin C, Ballaststoffen und antibakteriell wirkenden Senfölglykosiden eine große Bedeutung zu. Kohl ist auch das Lebensmittel mit dem höchsten Gehalt an Folsäure.

## Kohlrabi

**Aussaat:** Üblich war früher die Herbstaussaat, heute erfolgt sie meist schon ab Ende Januar im Zimmer oder Gewächshaus. Dieser schließen sich Folgesaaten für den Sommer und Herbstanbau an. Der Zukauf von Jungpflanzen ist empfehlenswert. Saattiefe: 1–2 cm, die Keimdauer beträgt 8–15 Tage bei 15–25 °C.

Kohlrabi, eine halbe Knolle deckt den täglichen Vitamin-C-Bedarf.

**Pikieren:** Pikiert wird direkt in Erdpresstöpfe, Torftöpfe oder Multiplatten.

**Pflanzen:** Ab Mitte Februar in frostfreie Gewächshäuser oder Kästen; der Abstand beträgt 20 x 25 cm, also weniger als in Freilandkulturen.

**Wasser und Dünger:** Im Verhältnis zu anderen Kohlarten braucht Kohlrabi wenig Dünger. Bei guter Kompostversorgung ist gar keine oder nur geringe Düngung nötig. Man darf den Wasserbedarf nicht unterschätzen, vor allem mit Beginn der Knollenbildung ist eine gleichmäßige Bodenfeuchtigkeit unverzichtbar.

**Ernte:** Bei der ersten Pflanzung im Februar kann ab Anfang Mai geerntet werden. Im frostfreien Kasten oder Gewächshaus auch schon früher; die Knollen nicht zu groß werden lassen. Neben der Knolle kann man im Frühjahr auch das zarte Laub verwerten.

**Temperatur und Licht:** Kohlrabi stellt keine besonderen Ansprüche, die Entwicklung richtet sich nach der Witterung.

**Frühbeet:** Ideal im Frühbeet oder unter Folie ab März.

**Gewächshaus:** Beheizte Häuser ab Mitte Februar und unbeheizte ab Mitte März.

**Schädlinge:** Neben Viren alle für Blumenkohl beschriebenen Krankheiten. Blattläuse schätzen das zarte Laub.

**Besonderheiten:** Auf Treibsorten achten. Neben Vitamin C ist Kohlrabi auch reich an B-Vitaminen, Folsäure und Provitamin A, Magnesium, Kalzium und Selen. Auch die moderne Küche hat den köstlichen Kohlrabi wiederentdeckt.

## Kopf- und Pflücksalat

**Aussaat:** Am besten mit Vorkultur, die Aussaat erfolgt ab Ende Februar. Salat keimt nicht oder schlecht bei zu viel Wärme, deshalb sollte die Keimtemperatur unter 15–18 °C bleiben. Saattiefe: 0,5–1 cm,

Keimdauer: 7–12 Tage bei 10–18 °C. Die Keimung im Sommer kann gefördert werden, wenn man Saatschalen für 2–3 Tage in den Kühlschrank stellt. Danach normal weiterbehandeln. Für weitere Aussaaten und Pflanzungen in den folgenden Monaten sorgen. Die Aussaat erfolgt ab Juli im Freien für Pflanzungen im Gewächshaus, geerntet wird dann ab Oktober/November. Alternativ kann man natürlich auch Jungpflanzen beim Gärtner kaufen.

Die Aussaat von Winterkopfsalat für die Pflanzung im frostfreien Gewächshaus oder Frühbeet ist ab August möglich.

**Pikieren:** Nach dem Auflaufen zügig pikieren in Multitöpfe, Erdpresstöpfe oder Torftöpfe. Jungpflanzen in der Frühkultur mit Vlies abdecken, später genügt dünnes Papier.

**Pflanzen:** Pflanzung ab Ende Februar im frostfreien Gewächshaus, nach Abhärtung ins unbeheizte Gewächshaus ab März, entsprechend ins Frühbeet. Da Salate selbstverträglich sind, kann man durch Ernte frei werdende Lücken immer wieder bepflanzen. Nicht zu tief pflanzen, der Topfrand sollte ca. 2 cm über die Erdoberfläche hinausschauen. Abstand zwischen den Pflänzchen je nach Sorte ab 18 x 18 cm. Gelüftet wird ab 16 °C. Im Winter beginnt die Kopfbildung im kalten Gewächshaus bei 10–15 °C. In der lichtarmen Zeit auf erhöhte Nitratwerte achten!

**Wasser und Dünger:** Bis zur Kopfbildung relativ gering, aber für gleichmäßige Bodenfeuchte sorgen. Mit Beginn der Kopfbildung wird viel Wasser benötigt. Besonders im Herbstanbau gering oder gar nicht düngen. Gute Kompostversorgung ist ausreichend, und bei Bedarf flüssig düngen.

**Ernte:** Beim Pflanztermin März kann schon ab Anfang Mai geerntet werden. Salat in der lichtarmen Zeit abends ernten, dann enthält er weniger Nitrat, weil es am Tag abgebaut wurde. Während der Nacht wird wieder mehr Nitrat in den Pflanzen gebildet, sodass morgens die Konzentration höher ist. Im Sommer jedoch morgens ernten, dann ist Salat knackiger.

Kopfsalat, für Gärtner mit Köpfchen: Nie zu tief pflanzen!

**Temperatur und Licht:** Salat bildet bei hohen Temperaturen keine Köpfe, die Bodentemperatur sollte 8 °C nicht unterschreiten, um ein zügiges Wachstum zu erzielen.

**Frühbeet:** Alle Frühbeete werden mit Salat bepflanzt, warme Frühbeete bringen eine schnelle und „zarte" Ernte. Bei Temperaturen von 10–12 °C benötigt Salat mehr als das Dreifache an Zeit bis zur Ernte gegenüber der Normalkultur im Sommer.

**Gewächshaus:** Beheizte und unbeheizte Häuser sind geeignet, wichtig ist nur die gute Belüftung. Der gewünschte Kulturtermin bestimmt die Sortenauswahl. Auf Gewächshaussorten (Treibsorten) achten. Bevorzugt Sorten mit Resistenz gegen Mehltau und die Salatblattlaus wählen. Das Schossen von Salat, d. h. die Ausbildung eines Blütenstandes bereits vor der Bildung eines brauchbaren Salatkopfes, ist meist auf einen falschen Anbautermin der Sorte zurückzuführen. Hinweise auf der Samentüte bezüglich des jahreszeitlich richtigen Termins sollten unbedingt beim Kauf beachtet werden.

**Schädlinge:** Grauschimmel *(Botrytis)*, Fäule und Blattläuse. Falscher Mehltau bei feuchtwarmer Witterung. Besonders in der dunklen Jahreszeit mit einer hohen Luftfeuchtigkeit kommt es schnell zu Salatfäule. Deshalb ist es besonders wichtig, gegen Fäulnis widerstandsfähige und gegen Falschen Mehltau resistente Sorten zu wählen. Schnecken aller Art lieben die zarten Blätter von Salat.

**Salate können im Gewächshaus bereits früh im Jahr herangezogen werden.**

**Besonderheiten:** Es gibt so viel Salatvarianten, dass man sie der Übersicht halber in verschiedene Wuchstypen einteilen musste. Ihre Inhaltstoffe sind aber nicht wesentlich abweichend voneinander. Sie sind kalorienarm und machen dennoch satt. Das liegt vor allem an den Ballaststoffen, die zudem noch die Verdauung unterstützen. Je nach Art und Sorte enthalten sie beachtliche Mengen an Vitaminen, z. B. ß-Carotin (eine Vorstufe des Vitamin A) und Vitamin C. Sie liefern mit Kalium, Phosphor und Magnesium lebensnotwendige Mineralstoffe. Günstig für den Stoffwechsel sind insbesondere der relativ geringe Natriumgehalt und der hohe Kaliumgehalt der meisten Arten. Sie sind besonders reich an sogenannten sekundäre Pflanzenstoffen wie Carotinoiden, Flavonoiden und Sulfiden, die beim Menschen eine besondere Schutzfunktion ausüben.
Kopfsalat hat, wie der Name sagt, feste, geschlossene „Köpfe". Pflücksalate sind ohne Kopf, die Blätter werden laufend von außen einzeln abgepflückt, wodurch sich die Erntezeit verlängert. Besonders geeignet ist Pflücksalat für Singlehaushalte.

Höckermelonen sollte man zur Ertragssicherung von Hand bestäuben.

## Salatvielfalt

Schnittsalat bleibt als kurze Zwischenkultur häufig kleinblättrig. Hier kommt es mehr auf die Qualität der Blätter an, z.B. beim Buttersalat, dessen Blätter besonders zart sind. Bataviasalat hat dagegen zarte Blätter mit Biss, die des Eissalats sind knackig.

Salate sind nicht nur farblich, sondern auch im Geschmack unterschiedlich.

Höckermelone für den Rohgenuss und auch zur Zubereitung von Dessertspeisen.

## Kürbis, Zucchini und Melone

**Aussaat:** Ab Mitte April im Zimmer oder im Vermehrungsbeet, Weiterbehandlung wie bei Gurken. Die ideale Keimtemperatur liegt bei 22 °C, besser sogar mehr. Gleich in nicht zu kleine Einzeltöpfe, auch größere Torftöpfe setzen. Zucchini und Kürbisse können ins Freiland oder in den Frühbeetkasten gesetzt werden.
**Pikieren:** Nicht notwendig.
**Pflanzen:** Wichtig ist humose, kräftige Erde. Auspflanzen mit einem Abstand von 40 x 80 cm. Zuckermelonen nach dem 3. oder 4. Blatt entspitzen, auch die nachfolgenden Seitentriebe nach dem 5. Blatt. Höchstens vier Seitentriebe belassen. Erst die nächsten Seitentriebe sind die Fruchttriebe, sie behalten nur noch fünf bis sechs Blätter, alles andere entfernen und die Triebe an Schnüren aufleiten. Wenn die Früchte nussgroß geworden sind, die Triebe oberhalb auf zwei Blätter einkürzen. Wassermelonen werden nicht entspitzt, die Früchte bilden sich an den Triebenden. Je Pflanze höchstens sechs Früchte reifen lassen und mit einem Netz entlasten, bodennahe Früchte auf Styropor, Bretter oder Stroh legen.

**Wasser und Dünger:** Bei Wasserentzug bilden sich überwiegend weibliche Blüten. Nie kaltes Wasser, nur abgestandenes, lauwarmes zum Gießen verwenden, davon aber viel! Auch niemals den Wurzelhals benetzen, es droht sonst Wurzelfäule. Wöchentliche Düngung mit einem Universalflüssigdünger, aber nicht auf die Blätter. Eine gute Grundversorgung muss gewährleistet sein.
**Ernte:** Die Reife der Zuckermelone erkennt man am Geruch und an kleinen Rissen in Stielnähe. Wenn man mit dem Finger auf Wassermelonen klopft, müssen sie einen dumpfen Klang abgeben, wenn sie reif sind.
**Temperatur und Licht:** Während der Blüte sollte die Temperatur 24 °C und mehr erreichen, nur dann kann die Befruchtung sicher gelingen.
**Frühbeet:** Für späten Anbau und warmen Kasten, auch in Tunnelfolie, besonders Zucchini und Kürbis eignen sich dazu.
**Gewächshaus:** Es genügen wenige Pflanzen, leider kann man sie schlecht mit anderen Kulturen zusammen halten. Eine Unterpflanzung mit Salat usw. ist natürlich möglich. Die Kultur erfolgt an einem Netz oder an Schnüren.
**Schädlinge:** Früchte öfter auf Fäulnis untersuchen, ansonsten die gleichen Krankheiten wie bei Gurken.

### Gut zu wissen

Sobald sich die ersten Früchte zeigen, darf Kürbis nicht austrocknen. Haben sich ausreichend Früchte gebildet, zwickt man die Triebspitzen aus, damit die Kraft der Pflanze voll in die reifenden Früchte fließen kann.

**Besonderheiten:** Bilden sich nur Ranken und keine Früchte, sollte man die Pflanzen trocken lassen. Der Pollen der Melonenblüten verklebt leicht, daher mit einem weichen Pinsel vormittags künstlich befruchten. Die beste Zeit dafür sind die frühen Morgenstunden bis 11 Uhr. Die weiblichen Blüten sind an der Verdickung unterhalb der Blüte zu erkennen. Auf geeignete Sorten achten. Die Sorte 'Parthenon' (Quedlinburger Saatzucht) ist die erste jungfernfrüchtige Zucchinisorte. Da hierbei nicht, wie ansonsten üblich, eine Befruchtung erfolgen muss, ist trotz einer witterungsbedingt zu erwartenden schlechten Befruchtung ein durchgehend guter Fruchtansatz möglich.

## Paprika und Peperoni

**Aussaat:** Nicht vor Mitte März, im Zimmer oder Vermehrungsbeet, Keimung meistens nur bei Temperaturen über 22–25 °C, dies dauert über 14 Tage. Zukauf von Jungpflanzen ist eine gute Alternative, wenn man nur wenige Pflanzen ziehen will. Saattiefe: 0,5 cm, Keimdauer: 8–18 Tage.
**Pikieren:** Nach Ausbildung der Keimblätter pikieren in Multiplatten, Erdpresstöpfe oder – bei Gemüsepaprika – in 10-cm-Töpfe pflanzen und in das beheizte Gewächshaus stellen. Auch Wärmematten sind gut geeignet.

Paprika ist nicht nur scharf, sondern auch gesund.

Der Starkzehrer Paprika gedeiht im Gewächshaus optimal.

**Pflanzen:** Paprika stellt hohe Ansprüche an den Boden. Humos und locker muss er sein. Die Anforderungen im Gewächshaus sind weitgehend wie bei Tomaten, jedoch wird weder entgeizt noch entspitzt, für mehrtriebige Pflanzen kann die Terminalknospe entfernt werden, dann werden zwei oder drei Triebe ausgesucht und gefördert. Paprika ist wärmebedürftig und braucht viel Licht. Der Pflanzabstand beträgt 30/40 cm x 50/60 cm, je nach Sorte. Gleich Stäbe oder Schnüre zum Aufleiten vorsehen. Drei Wochen nach der Pflanzung anhäufeln, das fördert die Wurzelbildung. Den Boden ansonsten immer locker halten und zusätzlich mulchen.

**Wasser und Dünger:** Über die gesamte Kulturzeit wird viel Wasser benötigt. Es soll im Haus vorgewärmt werden. Wichtig ist eine gute Grundversorgung mit Nährstoffen. Die flüssige Nachdüngung dem Wachstumsverlauf der Pflanzen und den Temperaturen anpassen. Bei Dauerwärme und häufigem Gießen ist die Versorgung über den Boden z. B. nicht ausreichend.

**Ernte:** Geerntet werden kann 40–90 Tage nach der Pflanzung, abhängig von der Sorte sowie der gewünschten Grün- oder Farbreife. Paprika hat nur wenig Wurzelmasse, es muss deshalb häufiger gegossen werden. Eine frühzeitige Ernte der ersten Frucht erhöht ebenfalls den Fruchtansatz.

**Temperatur und Licht:** Die Temperatur sollte 16–18 °C betragen, sie darf nicht unter 10 °C abfallen. Ist keine Heizung vorhanden, ist es besser, die Pflanzen erst ab Ende April ins Gewächshaus oder in den Frühbeetkasten zu setzen. Bleibt die Temperatur während der Blüte unter 19 °C, werden keine Früchte gebildet, bei Temperaturen über 30 °C werden sie unfruchtbar.

**Frühbeet:** Erst wenn es wärmer ist oder im warmen, gepackten Kasten.

**Gewächshaus:** Im Hobbyhaus mit Tomaten möglich, aber nicht zusammen mit Gurken!

**Schädlinge:** Grauschimmel *(Botrytis)*, Blattläuse, Weiße Fliege und Thripse. Viruskrankheiten werden vor allem durch Blattläuse übertragen, die an Paprika einen hohen Befallsgrad erreichen können. Rechtzeitiger Einsatz von Nützlingen beugt vor.

**Besonderheiten:** Für Paprika virusresistente Sorten auswählen. Deren Verwendung vermindert die Gefahr einer möglichen Übertragung. Längliche Paprikasorten sind deutlich anfälliger gegenüber Blütenendfäule (Kalziummangel) und Sonnenbrand als die blockigen Typen.

### Gut zu wissen

Paprika kann bereits grün geerntet werden und schmeckt dann herzhaft mit einer leicht bitteren Note. Belässt man die Früchte an der Pflanze, wandelt sich der Farbton ins Rote, Orange und Gelbe. Die Früchte schmecken dann süßlicher.

Pepino, nicht Birne, aber auch nicht Melone

## Pepino

**Aussaat:** Stecklinge von überwinterten Pflanzen oder Aussaat ab Februar bis März/April im Gewächshaus oder auf der Fensterbank; den Samen ausbringen und nur andrücken, Keimdauer: 15–30 Tage bei 18–25 °C, niemals unter 15 °C.

**Pikieren:** Pikieren in Einzeltöpfe, Erdpress- oder Multiplatten, auch Torftöpfe eignen sich.
**Pflanzen:** Pflanztermine für das beheizte Gewächshaus ab März/April mit Pflanzabständen zwischen 60–80 cm. Pepino lassen sich bei guter Wasser- und Nährstoffversorgung auch in großen Containern von 18–30 cm Durchmesser und als Ampelpflanzen kultivieren. Die Pflanzen sind eintriebig, gelegentlich zwei- oder dreitriebig. Man kann sie an einer Schnur ziehen oder in Ampeltöpfen bzw. auf Hängeborden hängen lassen. Entwickeln sich Seitentriebe, so sind sie wie Tomatenpflanzen auszugeizen. Ausreichende Lüftung in den Sommermonaten sowie eine gute Wasser- und Nährstoffversorgung sind wichtig.
**Wasser und Dünger:** Während der gesamten Kultur jede Woche mit einem Flüssigdünger düngen. Nicht zu viel Stickstoff anbieten, sonst schießen die Pflanzen schnell ins Kraut.
**Ernte:** Die Entwicklungsdauer der Frucht von der befruchteten Blüte bis zur Genussreife beträgt etwa zehn bis zwölf Wochen. Bei einer Pflanzung Ende März/Anfang April im Gewächshaus beginnt die Ernte Ende Mai/Anfang Juni und kann von da an regelmäßig bis Oktober erfolgen. Erntereif sind die Früchte dann, wenn sie gelb bis orange ausgefärbt sind und einen leichten, reifetypischen Duft ausbilden.
**Temperatur und Licht:** Wie auch bei Tomaten hemmen zu hohe Temperaturen den Fruchtansatz.
**Frühbeet:** Nur große Kästen.
**Gewächshaus:** Beim Anbau im Kleingewächshaus muss reichlich gelüftet werden, eine Temperatur von 28 °C sollte nach Möglichkeit nicht überschritten werden. Pepino lassen sich bei guter Wasser- und Nährstoffversorgung auch in großen Töpfen (18–30 cm) und Containern als Ampelpflanzen kultivieren. Je Topf oder Container (5–10 l) sind je nach Größe 3–5 bewurzelte Stecklinge oder Jungpflanzen ratsam.
**Schädlinge:** Bei einem Befall mit Spinnmilben oder der Weißen Fliege Nützlinge einsetzen. Braun- und Krautfäule können bisweilen auftreten.

Radieschen und Rettich, scharfe Gesundheit

**Besonderheiten:** Botanisch ist Pepino eine Beere mit ein bis zwei Kammern. Das Fruchtfleisch ist weich, cremefarben, gelblich-orange bis goldgelb und sehr weich. Sie kann wie ein Apfel geschält werden und ist reich an Vitamin C sowie an Provitamin A.

## Radieschen und Rettich

**Aussaat:** Gesät wird höchstens 1 cm tief, nicht tiefer, die Keimdauer beträgt 8–14 Tage bei Temperaturen von 10–20 °C. Eine Direktaussaat im warmen Gewächshaus oder im beheizten Frühbeet ist ab Januar, im kalten Gewächshaus in Anzuchterde ab Februar/März sinnvoll. Neben der Direktaussaat ist auch die, allerdings mühselige, Vorkultur in Multiplatten möglich. Folgesaaten bis zum Herbst.
**Pikieren:** Nicht üblich.

**Pflanzen:** Ab April ohne Folie und Fenster kultivieren. Radieschen stellen an den Boden keine hohen Ansprüche.

**Wasser und Dünger:** Grundversorgter Boden, mäßig feucht. Keinen frischen Mist verwenden, Kompost darf nicht zu nährstoffreich sein.

**Ernte:** Die Ernte beginnt nach sechs bis sieben Wochen.

**Temperatur und Licht:** Kultur bis zum ersten Frost möglich, dann kann es aber zu Keimschwierigkeiten kommen und das Wachstum wird eingestellt. Vollsonniger Standort.

**Frühbeet:** Frühjahrs-, Sommer- und Herbstanbau möglich.

**Gewächshaus:** Radieschen nur im Frühjahr und Herbst, Rettich im Kasten oder unter Folie. Frühjahrssorten benötigen Kurztagbedingungen. Werden Frühjahrssorten zu spät ausgesät, bilden sie keine oder nur ansatzweise Knollen bzw. Wurzeln. Sie schießen dann in die Höhe und bilden Blüten.

**Schädlinge:** Falscher Mehltau schädigt oft die Knollen. Auf der oberen Hälfte bilden sich meist raue, violett-schwarze Stellen, die mit einem weißen Sporenrasen bedeckt sind und das Radieschen ungenießbar machen. Kohlfliegen können auch zum Problem werden. Bakterien und Pilze, wie die Rettichschwärze als wichtigste Pilzkrankheit bei Rettich und Radieschen, treten meist auf Böden mit hohem pH-Wert und schlechtem Fruchtwechsel auf, zusätzlich begünstigt durch hohe Bodenfeuchtigkeit.

**Besonderheiten:** Für das Gewächshaus unbedingt auf Treibsorten achten, außerdem eine tolerante Sorte wählen und die Aussaatzeit beachten.

### Gut zu wissen

Wenn man einen Rettich aushöhlt, das Innere mit Zucker bestreut, durchbohrt und auf ein Glas stellt, um die austretende Flüssigkeit aufzufangen, erhält man ein wirksames Hausmittel gegen Erkältungen, besonders für Kinder.

## Tomate (Paradeiser)

**Aussaat:** Ab März im Zimmer auf der Fensterbank oder in einem warmen Vermehrungsbeet, Saattiefe: 0,5–1 cm, Keimdauer: 18–20 Tage bei 18–25 °C. Spätere Aussaaten für lange Ernten sind auch noch im Mai möglich. Man kann dann Kopfstecklinge der Sorten bewurzeln. Bei Aussaaten ist immer mit Bodenpilzen zu rechnen. Symptome für eine Infektion sind schlechte Keimung, das Umfallen der Keimlinge, Verfärbung und mangelnde Wurzelbildung sowie das Abfaulen des Wurzelhalses oder der Wurzeln.

**Pikieren:** Nachdem sich die Keimlinge gut entwickelt haben, nur die kräftigsten Pflanzen in Multiplatten, Erdpresstöpfe oder Torftöpfe umsetzen. Man kann auch gleich in 10-cm-Töpfe pflanzen, aber die Pflanzen entwickeln sich besser, wenn noch einmal umgepflanzt wird. Jetzt reichen gleichbleibende Temperaturen von 16–18 °C, unter Umständen die Pflanzen am Abend wieder zurück ins Zimmer nehmen. Nur ab und zu düngen, damit sich die Wurzeln gut und kräftig ausbilden.

Ausgeizen der Seitentriebe ist bei Tomaten zwingend um die Früchte zu fordern.

**Pflanzen:** Man pflanzt ins Gewächs- oder Tomatenhaus ab Anfang Mai, frühestens aber Ende April. Immer schräg einpflanzen, damit sich zusätzliche Wurzeln bilden. Die Triebe an einer Schnur, um die die Pflanzen herumgewickelt werden, oder an Spiralstäben befestigen. Bei Schnüren wird am untersten Trieb eine Schlaufe gelegt. Die untersten Blatttriebe bis zu einer Höhe von 30–40 cm entfernen, damit sie nicht durch Kontakt mit dem Boden infiziert werden. Gegen Mittag die Pflanzen zur besseren Befruchtung etwas schütteln. Tomaten mögen keine feuchte Luft, im Gegensatz zu Gurken! Die Triebspitze im Gewächshaus bei etwa zehn Fruchtanlagen abschneiden. Die Veredelung bringt bei Tomaten die Möglichkeit, Sorten mit gutem Geschmack auf gut wachsenden zu verbessern. Die bessere Wurzel ist in der Lage, mehr Wasser und Nährstoffe für die Pflanze aufzunehmen. Die Bodentemperaturansprüche sind geringer, Bodenentseuchung oder Bodenaustausch für veredelte Pflanzen erübrigt sich.

**Wasser und Dünger:** Überdüngung vermeiden, sie führt nur zu reicher Blattbildung, im Extremfall zu Blatteinrollung und schopfartigen Gipfeltrieben. Mit Beginn der Fruchtbildung muss verstärkt gedüngt werden. Ideal sind Flüssigdünger oder die praktischen Langzeitdünger. Tomaten stellen hohe Ansprüche an den Boden und die Nährstoffversorgung. Auf Kalziummangel, Eisen- und Magnesiummangel reagieren sie empfindlich. Im Gewächshaus und Kasten immer mulchen. Wichtig sind ein tiefgründiger, nährstoffreicher Humus, viel Feuchtigkeit und eine Mulchschicht. Im Herbst Mist oder Frischkompost einarbeiten. Beim Gießen angewärmtes Wasser in eine Gießmulde oder einen neben den Pflanzen versenkten Tontopf mit großem Abzugsloch geben! Die Kultur in Sackerde und Strohballen ist auch möglich.

**Ernte:** Im Gewächshaus ab Juli bis in den Herbst möglich.

**Temperatur und Licht:** Nach den Eisheiligen sind Tomaten auch ohne Heizung zu halten. Die Anpassung der Sorten an „mitteleuropäische" Verhältnisse hat Fortschritte gemacht, doch muss man sie vor Feuchtigkeit schützen.

**Frühbeet:** Ab Ende März im warmen Kasten, ab April auch im kalten. Später Fenster als Überbau nutzen. Klein wachsende Sorten sind hierfür gut geeignet.

**Gewächshaus:** Beheizte Häuser ab Ende März, unbeheizte ab April. Kein Anbau zusammen mit Gurken, oder das Haus mit einer Folie teilen; immer auf gute Belüftung achten! Veredelte Sorten sind widerstandsfähiger. Die Veredelungsstelle darf nicht eingepflanzt werden, sonst wurzelt die „schwache" Edelsorte. Beim Anbau unter Glas oder Folie für Belüftung sorgen. Besonders günstig für Tomaten sind kalireiche Beinwellblätter und Stroh als Mulchschicht rund um die Pflanzen. Tomaten sind Selbstbestäuber, deshalb Pflanzen, die nicht im Freien stehen, während der Blüte schütteln. Wöchentlich die Achseltriebe der heranwachsenden Pflanze ausgeizen. Viel Frischluft, also gut lüften.

Tomaten im Gewächshaus wollen gut gelüftet werden.

Reiche Ernte ist der Lohn für gute Pflege.

Ob Sommer oder Winter, Mulchen hilft dem Boden, spart Wasser und schützt alle Kulturen

**Schädlinge:** Bakterien und Pilze befallen die Tomaten in großer Zahl, dies ist teilweise durch die Sortenwahl vermeidbar. Gefürchtet ist zu Recht die Kraut- und Braunfäule, die meist in Nachbarschaft mit Kartoffeln und bei feuchtkalter Witterung zum Problem wird. Befallene Blätter und Triebe gehören in den Hausmüll, da an ihnen oft Pilzsporen haften, die zu erneuter Infektion führen können. Blütenendfäule wird hervorgerufen durch zu schnelles Wachstum und Kalziummangel. Tierische Schädiger sind Spinnmilben, Läuse und Weiße Fliege.

**Besonderheiten:** Wenn der Boden im Gewächshaus nicht ausgetauscht wird, unbedingt eine direkte Fruchtfolge meiden. Die gegen Kraut- und Braunfäule toleranten Sorten bringen lediglich eine Verzögerung des Befalls. Vorbeugend pflanzenstärkende und homöopathische Mittel einsetzen.

Stängelfäule an Tomaten kann man auch durch Sauberkeit und Hygiene vorbeugen. Wird ein „Tomatenhaus“ verwendet, sollte es den wärmsten Standort im Garten erhalten, vorzugsweise vor Ziegelwänden, welche die Wärme speichern und zurückstrahlen. Allerdings muss man im nächsten Jahr den zweitbesten Platz und im Jahr darauf den drittbesten Platz wählen. Im vierten Jahr kann man dann wieder den besten (ersten) Ort wählen! Der Grund ist, dass Tomaten nicht jahrelang an einem Platz angebaut werden können.

## Vielfältige Tomaten

Man kann Tomaten nach der Fruchtform einteilen: rund und glatt (normale Tomate), flachrund und glatt (meist Fleischtomate), flachrund und faltig (Cuore di Bue in Norditalien), herzförmig (russische Cuore di Bue), oval oder pflaumenförmige Eiertomate (meist im Cherry- oder Cocktailbereich), birnenförmig (Cherrytomate), länglich (San-Marzano-Tomate). Die Größe ist stark von der Anzahl der Fruchtkammern abhängig.

## Und damit nicht genug

Neben den oben beschriebenen, gibt es natürlich noch etliche andere Nutzpflanzen, die sich für den Anbau im Gewächshaus eignen. Hierzu zählen Rucola oder der im Anbau ähnliche Spinat oder Winterportulak. Letzterer wird übrigens rechtzeitig im Frühherbst gesät und man kann wie bei Feldsalat den ganzen Winter über ernten. Er keimt, wenn es anderen zu kalt wird. Dabei ist er sehr anspruchslos und gedeiht in schweren wie in leichten Böden, im Frühbeet oder im Gewächshaus. Gesät wird von August bis Ende September. Erst wenn das Thermometer auf unter 12 °C sinkt, beginnen die Samen zu keimen. Acht Wochen nach der Aussaat kann geerntet werden. Portulak muss geerntet werden, bevor er blüht, da mit der Blüte die Blätter ihr Aroma verlieren würden.

Für Spinat eignet sich das Frühbeet im Spätherbst; die Aussaat erfolgt in der ersten Septemberwoche. Für die erste Ernte im Frühjahr kann man ebenfalls im Herbst sorgen, dann sät man Ende September. Der Reihenabstand ist 20 cm, die Saattiefe: 2–3 cm. Er verlangt einen guten, aber nicht zu feuchten Boden.

Auch Zichorien, der Zuckerhut, wird immer beliebter. Bei Anzucht in Multitöpfen wird in der letzten Juni- oder ersten Juliwoche gesät. Die Jungpflanzen können Anfang August ausgepflanzt werden.

Feldsalat und Spinat werden im Herbst angebaut.

### Offen für Neues

Die Kataloge der großen Saatgutfirmen liefern Jahr für Jahr neue Anregungen. Da finden sich auch ausgefallene Sorten wie der „Affenschreck“, gemeint ist die Litchi-Tomate *(Solanum sisymbriifolium)*. Es handelt sich um eine einjährige, dekorative Pflanze, die bis zu 1,5 m groß werden kann. Die ganze Pflanze ist mit bis zu 2 cm langen Stacheln bewehrt. Sie hat weiße bis zartviolette Blüten und rote oder gelbe Früchte, die in stacheliger Hülle reifen. Sie werden im August reif und haben in etwa einen Durchmesser von 3 cm, sind süß und wohlschmeckend mit weichen Samen. Allerdings ist die Pflanze wegen ihrer Stacheln nicht für Kinder geeignet. Möglich ist auch Kiwi als Dauerbepflanzung, dabei sind auch weniger frostharte (bis –15 °C) Sorten im unbeheizten Haus ertragreich.

# Häufig gestellte Fragen

**Wie groß muss ein Gewächshaus mindestens sein?**
Die Mindestgröße/Nutzfläche sollte 12 $m^2$ betragen, die Mindestfirsthöhe über 2,30 m liegen. Zu kleine Gewächshäuser erhitzen schnell und können Wärme nicht speichern. Temperaturschwankungen bedeuten Stress für Pflanzen!

**Was ist besser, Glas oder Kunststoff als Bedachung?**
Stegdoppel- oder gar Stegdreifachplatten aus Kunststoff, in unterschiedlicher Zusammensetzung, sind günstiger für Gewächshäuser als Glas. Sie haben neben der besseren Isolierung eine gute Lichtdurchlässigkeit (teilweise auch für UV-Licht) und ein geringes Bruchrisiko. Allerdings sollten sie nicht weniger als 6–8 mm dick sein, um z. B. die Schnee- und Windlast auszuhalten.

**Kann man Tomaten und Gurken zusammen halten?**
Da diese Kulturen unterschiedliche Wachstumsbedingungen haben, sollte man sie nie zusammen kultivieren. Vielleicht ein Grund für ein Zweitgewächshaus?

**Sollte man ein Gewächshaus heizen?**
Durch die Heizung kann man das Gartenjahr – z. B. bei der Gemüseanzucht – auf zwölf Monate ausdehnen. Dazu wird die Heizung nur für drei Monate benötigt.

**Gibt es spezielle Sämereien für ein Gewächshaus?**
Ja, und das sollte man beim Kauf beachten, diese Sorten lassen sich besser treiben, oder sie sind resistent gegen spezielle Krankheiten, die häufiger im Gewächshaus vorkommen können.

**Welche Vorteile bietet die eigene Anzucht?**
Man kann auch solche Pflanzen anziehen, die man nicht im Gartencenter kaufen kann und sie sind deutlich preiswerter. Nach dem Frühjahr kann man meist auch keine Jungpflanzen mehr beim Gärtner kaufen.

**Welcher Standort ist für das Gewächshaus richtig?**
Im Idealfall sollte ein Gewächshaus gegen Wind geschützt, aber nicht unter Bäumen oder im Schatten eines Gebäudes aufgestellt werden. Licht ist der Motor!

**Wie viele Fenster sollte das Gewächshaus mindestens haben?**
Mindestes 20 % der Gesamtfläche eines Gewächshauses soll als Lüftung (Fensterfläche) zur Verfügung stehen. Die Fenster möglichst in beiden Dachflächen anordnen, um auch mit der windabgewandten Seite lüften zu können. Auch Seitenlüftungen sind hilfreich.

**Gibt es ein Solargewächshaus?**
Eigentlich ist jedes Gewächshaus ein Solarhaus. Was bisweilen aber als Solarhäuser angeboten wird, sind Häuser, die mit unterschiedlichen Methoden die Sonnenwärme speichern – manchmal im Boden, aber auch über Wasserspeicher.

**Braucht man eigentlich eine Baugenehmigung?**
Im Prinzip nein, wenn eine bestimmte Größe nicht überschritten wird. Am einfachsten ist es, zuerst bei der Baubehörde vor Ort zu fragen.

# Bezugsquellen

## Ing. G. Beckmann KG
Simoniusstr. 10
D-88239 Wangen
Tel.: +49 7522 974 50
www.beckmann-kg.de

## Gewächshäuser und mehr
Inhaber: Ferdinand Schleinitz
Erlanger Str. 26
D-91077 Neunkirchen am Brand
Tel.: +49 9134 906801
www.top-gewaechshaus.de

## Clemens HobbyTec GmbH
Industriegebiet II
Rudolf-Diesel-Str. 8
D-54516 Wittlich
Tel. :+49 6571 92 92 22
www.clemens-hobbytec.de

## Hoklartherm GmbH
Gewerbegebiet
An der Süderbäke 2
D-26689 Apen
Tel. :+49 4489 92 81-0
www.hoklartherm.de

## Hunecke GmbH Gewächshauszubehör
Krackser Str. 12
D-33659 Bielefeld
Tel.: +49 521 40 19 27
www.gewaechshaeuser.de

## Kuno Krieger GmbH
Gahlenfeldstr. 5
D-58313 Herdecke
Tel.: +49 2330 80 08 60
www.kriegergmbh.de

## Palmen GmbH
Grüner Weg 37
D-52070 Aachen
Tel.: +49 241 55 93 81-0
www.palmen-heinsberg.de

## T.M.K. Technologie in Metall und Kunststoff GmbH
Princess Gewächshäuser
Industrieparkstr. 6–8
A-8480 Mureck
Tel.: +43 820 98 83 77
www.princess-glashausbau.at

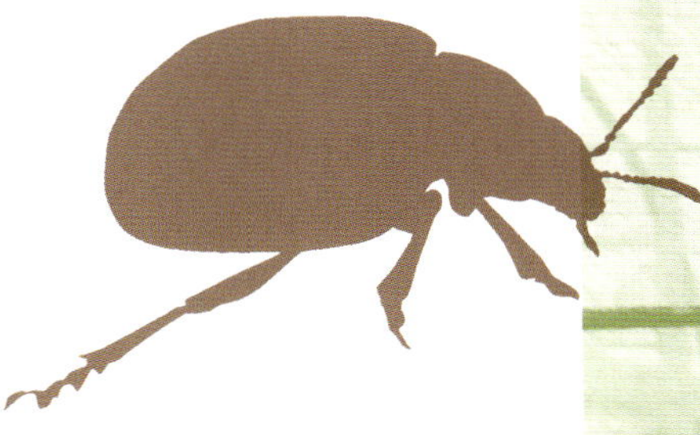

# Register